“直播+互联网”

精彩的成长蜕变

宋江龙／著

中国经济出版社
CHINA ECONOMIC PUBLISHING HOUSE
北 京

图书在版编目（CIP）数据

“直播 + 互联网” 精彩的成长蜕变 / 宋江龙著 .
—北京：中国经济出版社，2018. 7
ISBN 978 - 7 - 5136 - 5169 - 1
Ⅰ. ①直… Ⅱ. ①宋… Ⅲ. ①网络营销 Ⅳ. ①F713. 365. 2
中国版本图书馆 CIP 数据核字（2018）第 065711 号

责任编辑 伏建全 孙喆浩
责任印制 马小宾
封面设计 久品轩

出版发行 中国经济出版社
印 刷 者 北京科信印刷有限公司
经 销 者 各地新华书店
开 本 710mm × 1000mm 1/16
印 张 11
字 数 138 千字
版 次 2018 年 7 月第 1 版
印 次 2018 年 7 月第 1 次
定 价 38. 00 元
广告经营许可证 京西工商广字第 8179 号

中国经济出版社 **网址** www. economyph. com **社址** 北京市西城区百万庄北街 3 号 **邮编** 100037

目 录

01 第一章 孕育——互联网成直播孵化器

02 第二章 共进——直播与互联网携手相扶

01 第一章

孕育——互联网成直播孵化器

第一节
揭秘——互联网是何方神圣?

1.1 互联网概念与发展

互联网既是现代生产力和科技革命的产物，也是推动相应社会经济发展的重要技术媒介。从 20 世纪 50 年代将计算机运用于军事，再到 90 年代将因特网和万维网运用到现代经济生活中，互联网既是一个逐步发展和前进的过程，也是现代直播元年的核心孵化器，认识和了解互联网对把握其与直播直接密切的联系具有重大而现实的意义。

所谓的互联网就是一种广域网，是根据一些通信协议而成的计算机网络系统，这种系统一般以多台计算机为代表，多个组织模块进行联合，在一定的形式下，各个服务端和客户端能完整地进行融合。

互联网最初的网络并没有社会化，更没有直播渠道和空间，只是简单地给一般的工程计算机专业和部分工程科学家使用。在早期，因为互联网和其技术形式尚不完善，计算机和互联网没有进行完整的融合，致使很多工程师不得不对相关的复杂系统进行学习，才能有效地实现科学实验。而随着技术和经济的发展，1947 年以太网这一更为方便和灵活的局域网协议出现了，那时免费服务取消了用户的直接费用，在基本都需要进行付费的情况下，互联网时代前的很多东西对人们来说都是不方便的，也是无法有效地处理各种问题的。

互联网的发展和人们生活中所需要的信件、电报、相机、电话、电影、广播、电视等信息记录和传递方式一样，都是根据社会需求陆续被发明出来，是沿着文字、图片、声音、视频的路径进行的。媒体出现之后，文字、图片、声音、视频的路径需要进一步扩大，互联网时代的信息记录和传播发展路径同样如此。

最早的互联网只能进行一些比较单一的文字传输，包括各种音频、系统、数据、场景和信息都难以存在。随着以文字为主的互联网时代的进步，诞生了门户网站、BBS、IM 聊天工具；在以图片为主的互联网时代，诞生了 Instragram、QQ 空间等图片社交平台；以视频为主的互联网时代，诞生了 YouTuBe、腾讯视频、爱奇艺、优酷等视频网站，但是这些都不能实现实时动态，而实时化的信息如电视直播、实况转播、视频聊天，需要很多设备、场景，以及一些技术支撑如直播通信车、专业记者、摄影机等，其耗资数额巨大，直播只能用于重大事件报道。

而互联网将直播从幕后推到了前台，目前 4G 和即将到来的 5G 网络的普及、直播技术的成熟、智能摄像头等配套设施的完善有效地促进了互联网直播产业呈爆发式发展，特别是相应的“网络直播元年”的出现，让信息不再是固定的存在，而是变成流动的资源。互联网直播成为主流，互联网已经进入了直播为主的时代。

在基于互联网的时代下很多企业研发新一代的移动互联网 2.0 技术，其中的视频共享技术可以使用户随时随地看到另一个地方，甚至借助互联网的 VR 等技术能实现虚拟穿越，这些技术可以运用到各个行业和领域，如为企业建设新型独立电商，企业可以全天候展现自己的实力，并随时随地接受用户的监督。

总体来看，互联网既是信息化、技术化、现代化、物联化的集合，也是互联网直播诞生的襁褓。

1.2　中国互联网的运用与发展

目前，随着中国改革开放和经济社会的发展，中国互联网经济发展迅速，逐步走向多元，并已经形成了一条完整的产业链，这让整个互联网市场走向多元的同时，也在不断地改变人们的生活和日常，特别是对大家的基本生活、工作和其他模式产生了较大的影响。根据《中国互联网产业市场前瞻与投资战略规划分析报告前瞻》数据显示，截至2011年12月底，中国网民数量突破5亿，达5.13亿，特别是新增加的网民数超过了5000万，整个互联网的普及率大幅度提升。而在2017年，不管是从网络普及率还是人数来看，都已经出现了增长和变化。

互联网网络经济得到快速增长。根据前瞻网统计，2011年网络经济市场规模突破2300亿元，到2013年达5400亿元。在细分市场结构中，2011年移动互联网和网络广告的占比均有小幅提升，电子商务的占比仍维持在40%以上。其中，移动互联网市场的增长，主要源于传统电商企业快速拓展移动业务以及移动支付的快速推进；电子商务市场稳定态势的保持，主要源于网络购物和旅行预订市场的持续增长；广告主网络广告投放比重持续增加，助推整体网络广告市场保持稳定上扬态势；而网络游戏市场，由于网游用户付费市场接近饱和，网络游戏市场规模增长逐步趋向平缓。在互联网产业及中国经济发展向好的预期下，互联网企业再现上市潮。

整个上市的过程以2010年为起点，中国互联网公司逐步走向海外进行上市。在上市的过程中，基本以美国的纽交所为主，这让上市成为主流。在互联网企业迅速发展的背后，既是人们不断追求新的突破和机会的一种有效展示，也是大家对中国互联网市场看好的一种体现，特别是以腾讯、阿里巴巴、网易、新浪、今日头条为代表的网络企业市盈率普遍偏高，在美国股市上存在很多利好的机会，而很多投资人购买这些公司的股票，也是基于这些投资人对中国经济的看好，尽管这其中也可能存在一些水分，很多投机者扮演了重要的角色，给很多中国互联网企业造成了影响。有的投资人并不了解互联网企业背后的真实情况，在互联网繁荣的背景下，泡沫逐渐出现，企业只有不断地创新和提升，才能取得新的突破和发展。

1.3 移动互联网趋势与特点

1.3.1 设备变化明显

目前，人们喜欢用手机上网，同时在移动终端的时长也超过了 PC 端，这说明移动互联网发展进入了一个新的阶段，人们上网的设备产品也发生了变化。截至 2014 年 6 月，人们的手机使用率达 83.4%，手机作为第一大上网终端设备的基本优势和相应地位更加巩固。而截至 2017 年，这种使用普及率更是达到了 100%，大家利用手机满足自己的娱乐需求、生活需求、支付需求、社会需求、工作需求，这种设备的改变带动了整体互联网各类移动端应用的发展。

1.3.2 全民互联网化

互联网发展从最开始的个体到群体，最终到全民参与，从基本的浅层走向了深度发展，这是整个互联网市场的利好现象，也标志人们的生活被逐步互联网化。目前，绝大多数人在线下或者线上的消费都会从互联网上开始，特别是以电子商务、移动支付和场景消费为主的时代，支付应用在整体和手机端都成为增长最快的应用。移动手机支付增长达 63.4%，使用率由 2013 年底的 25.1% 增至 38.9%。这种消费场景和移动支付的运用（如账单功能）让相关的产业得以快速发展，互联网时代的产业和人们的消费习惯有密切的关系以及联系。相比 2013 年底，人们利用手机购物、看电影、团购或者出游的增长率得到了大幅度的提升。

还需要特别注意的一个现象是，手机直播类软件的逐步出现，带动了整个互联网经济市场的发展。网络直播市场的使用率开始上升。而截至

2016 年 6 月，中国网络直播用户规模已经上亿，普及率也从“十二五”期间的 54. 7% 升至“十三五”期间的 70. 2%，这样的增长态势是十分明显的。此外手机移动游戏领域也出现了大幅度增长，这让人们越来越对互联网有所期待，手机游戏的增长为整体游戏用户增长提供了动力；在投资理财的领域内，人们对投资的兴趣爱好也开始不断地增加，整个市场的用户规模在上升，这说明在整个理财市场规模突破 6383 万元的时候，投资成本还可以逐步降低，这也是互联网给金融产业带来的巨大变化之一。当前，随着人们整体生活水平的提升，对财富管理的意识也在同步提高，致使互联网金融网贷平台得以成长。金融模式以创新为基础，以改革为后盾，为人们提供了良好的投资理财机会。

在移动互联网没有出现之前，人们在线网络交流的使用率是不断下降的，而随着经济的发展和进步，人们利用手机终端进行社交的方式也越来越普遍，社交元素与其他应用的融合已成常态。社会网民从 2. 57 亿到 7 亿，而这一数据在 2017 年改变更大，用户规模和使用率持续下滑。由于社交类应用更新迅速，对单纯社交网站的用户产生了较大分流。这说明移动互联网已经和社会融为一体，成为人们生活中不可或缺的一部分。

第二节

功能——互联网多元演变中的直播机会

早期的互联网往往只限于军事领域和相应的计算领域，并没有进行完整的信息互联网互通。在当前互联网下，网络直播的概念界定也逐步明确，并在演变中向产业化方向不断发展。中投顾问作为专业的互联网咨询和研究机构，曾在《2016—2020年中国网络直播行业深度调研及投资前景预测报告》中认为：网络直播的优势在于其能抓住用户的需求，从另外一个角度和层面让用户的生活需求得以满足，并且作为专业化的互联网模式，网络直播是互联网内容和技术上的一种创新，这对人们而言有重要的参考意义和价值，也会对整个移动互联网市场产生影响，网络直播可以利用视讯的方式，给人们提供一种场景转移和现场互动的服务，其具有形式多元、音屏效果好、不限时间地点等优势特点，通常可以被用来做娱乐或者营销，能为我们提供很好的场景消费。

从狭义角度来看，互联网下的网络直播机会众多，是新兴的高互动性视频娱乐。这种直播通常是主播通过视频录制工具，在互联网直播平台上直播自己唱歌、玩游戏等活动，而受众可以通过弹幕与主播互动，也可以通过虚拟道具进行打赏。

2.1　综合信息资源查询——直播模式开启的空间条件

现代直播的发展和出现是基于互联网技术对有关人、事、物、场景、画面等综合资源信息进行整合。20世纪90年代后期，现代国际网络服务和2G时代的出现将互联网从单一的网页链接转化为综合信息资源服务模式，从WB端转向21世纪的多元资源集合端，而互联网依托端口也从21世纪初的PC端口转为移动互联网模式时代，这极大地促进了网络空间资源的整合和分配。而对直播而言，综合信息资源查询功能的出现为直播模式的出现孕育了信息和链接。

通信革命是一种技术的革命，但这样的革命如果只从技术的角度来理解，未必能真正把握其含义，必须从政治、经济、技术、社会等多个角度来理解其出现的意义。互联网的发展早已超越了当初ARPANET的军事和技术目的，从开始为人们的交流服务到后期为生活服务，直播正是在互联网转为通信交流工具之后才存在的。

2.2　在线娱乐互动——直播成熟的雏形出现

互联网将在线娱乐方式无限扩大，作为一种广义的、宽泛的、公开的、对大多数人有效的传媒，互联网通过大量的、每天至少有几千人乃至几十万人访问的网站，真正实现了大众传媒的作用。互联网可以比任何一种方式都更快、更经济、更直观、更有效地把一个思想或信息传播开来，人们的娱乐方式已经不仅仅限定在线下的维度，而是更多地利用互联网来搜集和获取。社会空间的转变给互联网在线娱乐互动带来大量的机会，特别是视频模式的革新打通了互联互动的技术屏障。

直播本质上是利用互联网对现场场景和特定活动的一门视频传输行为，故而在线互动娱乐模式的兴起让人们更多地看到了相应的机会，进而准确地把握人的心理信号需求，根据大众娱乐方式的改变做出改变。直播的实现满足了互动的社会需求，成为其发展和成熟的重要条件，而这是基于互联网本身互动娱乐功能的雏形而形成的。

2.3 商业功能——直播发展有了利润动力

"互联网+"的出现与发展是包括直播在内的各种经济形态实现商业化的基本条件，互联网商业功能的出现顺应了直播产业爆发式增长的基本规律，故而成为直播从单一走向产业，从简单走向数量集合的重要动力。商业是无处不在的，只要存在商品和利润交换，就存在我们所说的商品交易和商业空间价值。2011 年网络经济市场规模突破 2300 亿元，在后期的两年内更是突破了 5400 亿元，而在 2017 年这一数字已经变成了几万亿元。在市场划分的结构中以互联网经济最为显著，包括电子商务和支付等都处在较高的增长区间。自 2017 年以来各方面的互联网经济数据都在增加，移动互联网因为其技术和商品交易的便利化而快速发展，支付、电商、购物、网络广告等更为广泛，广告主网络广告投放比重持续增加，这些推动了网络经济市场迅速发展，各方面用户的规模都在逐步增长和上升，这也说明对行业趋势的把握是十分重要的。

在互联网迅速发展壮大的过程中，商业走进互联网的舞台，网络经济得到快速增长。根据相关统计，2011 年网络经济市场规模突破 2300 亿元，到 2013 年达 5400 亿元。

在细分市场结构中，2011 年移动互联网和网络广告的占比均有小幅提升，电子商务的占比仍维持在 40% 以上。自 2017 年以来，各方面的互联网经济数据都在增加。其中，移动互联网市场的增长，主要源于传统电商企业快速拓展移动业务以及移动支付的快速推进；电子商务市场稳定态势的保持，主要源于网络购物和旅行预订市场的持续增长；广告主网络广告投放比重持续增加，助推整体网络广告市场保持稳定上扬态势；而网络游戏市场，由于网游用户付费市场接近饱和，网络游戏市场规模增长逐步趋向平缓。

商业功能的出现给直播带来了利润动力。随着互联网经济的发展和其在社会生产活动中的重要作用，互联网逐步具备商业功能。直播最开始也只是简单的视频空间对接手段，而互联网商业经济的出现让直播从简单行为走向商业。主流的观点将直播产品分为三类，即我们常见的秀场直播、游戏直播以及一些教育、节目、重大事件等直播。秀场直播作为对 YY 直播的一种创新，利用用户的礼物来进行抽成，通过这些支撑起一个基本的网络空间盈利模式，使秀场直播成为一个重要的入口。秀场直播可以视为从游戏直播发展的直播平台中的一个子频道。游戏直播因为游戏的场景比较固定，主播成长和粉丝获取都比较容易，而当前很多的游戏直播都在拓展新的方向，如娱乐、生活、情感、体育等频道，相比于秀场，游戏直播更可以推动出现沉淀下的优质内容，商业方面的想象空间更大。这是互联网商业化发展给直播平台和模式带来的商业化机遇。而一些诸如教育类等方面的直播年利润率更是不断增长，这都是“互联网+”所带来的效果。

国内移动互联网等第三产业促进经济转型升级，国内经济结构在持续优化。其中，移动互联网作为第三产业中信息经济的重要组成部分，以智能、连接、普及等优势，不断推动互联网和实体经济深度融合，激发社会大众创业活力。《中国信息经济发展白皮书（2016）》显示，2015 年中国信息经济总量达 18.63 万亿元，占 GDP 的比重达 27.5%，对 GDP 增长贡献率平均达 31.4%，信息经济已成为促进经济转型升级的新引擎。

从国内外的基本情况和环境来看，移动互联网经济发展得非常不错，以高覆盖形式实现了突破发展，特别是和实体经济深入融合，移动支付、移动购物、消费等都已成为新的商机，人们的消费观念也从线下走向了线上，这表明大众对各种娱乐和线上方式的接受程度得到了提升，在人们接受和认可的基础上，大家对网络市场的需求增加，这就带来了机会。

第三节
硬件——互联网技术更新给直播发展提供基础

互联网最初的设计是为了提供一个通信网络，并非要求实现生活场景和动态的转播。互联网最开始其实也就是一种简单的非计算程序的东西，故而很多方面的需求通道是不通的，而随着现代社会的发展，一种叫路由器的设备开始出现，其可以指引通信信息经由中间路由器在网络中传播，而这恰好使现代社会和新科技的发展与成熟同步了直播技术的增长需求。

3.1 硬件技术

DASH 的诞生给直播发展和成熟奠定了坚实的码率转化基础。DASH（Dynamic Adaptive Streaming over HTTP），又称 MPEG DASH，是一种在互联网上传送动态码率的 Video Streaming 技术，类似苹果的 HLS。DASH 会通过 Media Presentation Description（MPD）将视频内容切片成一个很短的文件片段，每个切片都有多个不同的码率，DASH Client 可以根据网络的情况选择一个码率进行播放，支持在不同码率之间无缝切换。

目前 3GPP Release 10 已经将 DASH 纳入其中；在 HbbTV 1.5 中也支持 DASH；DVB - DASH 也将 DASH 纳入 DVB（ETSI TS 103 285 v.1.1.1）中。目前 DASH Industry Forum 由发起厂家组成，致力推进 DASH 产品生

态，将 DASH 产业化和业界最佳实践推向批量应用，而有了这种技术的发展和成熟就意味着直播有了传输载体。

3.2　网络 4G 成熟

3.2.1　直播技术有了场景支持

4G 集 3G 与 WLAN 于一体，并能够传输高质量视频图像，其图像传输质量与高清晰度电视不相上下。互联网直播需要的就是这种技术，4G 系统能够以 100 ~ 150Mbps 的速度下载，不同的运营商采用不同的 4G 技术，速度通常比 3G 快 20 ~ 30 倍。4G 通信技术并没有脱离以前的通信技术，而是以传统通信技术为基础，采用一些新的通信技术来提高无线通信的网络效率和功能。ITU（国际电联）已经将 WiMax、HSPA + 、LTE 正式纳入到 4G 标准里，加上之前就已经确定的 LTE - Advanced 和 WirelessMAN - Advanced 这两种标准，4G 标准已经达到 5 种。目前 LTE 已然成为 4G 全球标准包括 FDD - LTE 和 TDD - LTE 两种制式。截至 2013 年 3 月，全球 67 个国家已部署 163 张 LTE 商用网络，其中 154 张 FDD - LTE 商用网络，15 张 TD - LTE 商用网络，6 家运营商部署双模网络，中国联通采用 FDD - LTE 制式进入 4G 时代。

4G 将开放移动互联网的应用场景，其实移动互联网的应用场景和 4G 的普及与开放是分不开的，移动直播互联网的更多应用也需要 4G 的参与。目前移动互联网的应用范围主要有移动医疗、移动支付、位置服务、物联网、移动搜索、多屏互动等，而直播既是一种基于网络宽带的形式，也是场景的运用。其他领域如移动医疗 APP 的数量大约占安卓移动应用的 1.6% ，国内医疗健康类 APP 已经多达 2000 多款。2013 年电商手机支付规模超过 1.2 万亿元，用户数 1.25 亿，同比增长超过 700% ，2017 年规模超过 7 个亿，这充分显示了 4G 技术成熟对包括直播在内的软件的影响。

随着 4G 的普及，移动互联网的应用场景将不断扩大，4G 的成本是 3G

的1/4~1/3，频率利用率是2~3倍，流量承载能力是10倍以上。4G开启了移动互联网时代，移动通信峰值速率平均每年加倍，10年增长了1000倍。

在4G的背景下，移动互联网将重塑产业链。OTT业务兴起，催生了互联网金融，加速向O2O业务渗透，如金山软件CEO张宏江、华为荣耀事业部总裁刘江峰、高通大中华区总裁王翔就曾讨论过下一个“50亿”在哪里。王翔认为，在未来将有70亿终端接入互联网，这势必改变人们的生活。刘江峰称，物联网、可穿戴设备带来的不仅是50亿的机会。张宏江则认为在未来互联网服务商都会是数据的来源，或可以转变成数据供应商。

3.2.2 流量为王

移动互联网飞速发展，使用户对流量需求不断增大。当你还没搞明白到底什么是3G的时候，4G已经开始出现并且可以被运用到直播等互联网事件领域。很多企业在这些方面的研发和创新也是其发展的基础，如中国联通在3G网络上的优势一直遥遥领先，通过传输网络的建设也在LTE上提前进行布局，由于FDD-LTE相对TDD-LTE。无论是在技术成熟度、成本还是在时间上都占据优势，即便到了4G时代，联通的网络优势仍会继续保持，这是联通成为移动互联网专家的重要保障。值得一提的是，工信部确定的4G频率可与3G共用，这样有利于联通3G向4G平滑过渡，在4G时代很多直播企业都力图继续保持网络制式领先优势，以全球成熟的产业链为基石，在未来的竞争中更胜一筹。

3.3 音频技术的成长

互联网视频技术的发展和出现，使网络视频直播系统可以应客户的要求把活动现场的音频或视频信号压缩，传送到多媒体服务器上，在Internet上供广大网友或授权特定人群收听或收看。

从最开始对数据的采集到后期对数据的编写，整个流媒体技术和数据传输都需要在解码的基础上完成，这样在解码之后才能够进行完整的音频播放，对各种设备，如摄像机、解码机、拾音器：声电转换装置（咪头）、音频放大电路等有着各种各样的利用，多种协议的补充真正让直播有了较好的技术基础。在视频方面，以 H. 265 为主，封装容器有 MP5、平板电脑等，这些是视觉播放的重要工具。

音频基本是以一种视频技术为基础的，其中有 Opus 等，通过早期的构建，足以让整个产品形式得以实现，为直播提供很好的场景。

3.4　大数据技术成引领

互联网直播分为很多类型，为了有效地提升直播的安全性和固有性，让直播更好地服务于受众，互联网大数据的产生和成长无疑给了直播很大的帮助。

“大数据”是指以多元形式，自许多来源收集而来的庞大数据组，其往往具有实时性。在企业对企业销售的情况下，这些数据可能得自社交网络、电子商务网站、顾客来访记录，还有许多其他来源。

分布式处理、分布式数据库、云存储和/或虚拟化技术能让整个行业的空间和价值得到完整的体现，而这也是互联网技术作为核心的一些展示，如果在互联网时代包括用户数据等都能实现很好的利用，就让简单的数字变成金钱。

实际上这几年大数据在直播领域的运用还不是特别的流行，但是从目前的市场发展状况来看，对直播用户的数据挖掘和爱好的储备分析能帮助相应的企业实现更大意义的发展。大数据在最开始时的成本很小，但是依靠企业最开始的技术和储存，如果直播企业没有技术将用户观看直播的实时动态进行分析，那么后续就不能依靠这种数据来实现价值突破。这项技术在自己用时将会非常收益，因为成本会降低；当这项技术作用在客户身上时，客户也会受益。能够让客户和自己同时受益的技术，就是最有商业价值的技术。所以，大数据并不只是喊口号的空话，而是像其他的新兴技术一样。商业化需要一个过程，就现在看来，大数据还是属于雷声大雨点小的阶段，所以才会让很多人认为大数据炒作的嫌疑更大。

虽然大数据并不仅仅局限于技术的显示，但是 Hadoop 系统的技术已经在事实上获得了认可，因此，在讨论大数据最核心价值的同时，也不能脱离 Hadoop 系统的技术。大数据的发展脚步十分巨大，有很厉害的实现形式，同时也是一种革命性的科技进步，从目前的情况来看，这种技术使互联网技术和纳米等前沿技术一道成为人们未来发展的新方向。人们通过各种手段实现了较大的转型，或许以前人们觉得数据并没有多大的价值，但当大数据朝着时代化的方向前进时，就会创造出各种各样的新机遇。

大数据到底有什么作用。对直播而言，大数据能让人们对直播认识得更清楚，只要直播存在或者直播被用户所关注，那么数据就会产生，数据产业也就可能产生价值，而这是人与人之间最为直接的方式。

大数据技术离每个人并不遥远，离互联网和直播更近，就其对生活的影响而言，这种技术在生活中的影响已经非常明确，甚至深刻地渗透到日常生活消费里面。这也说明我们不能逃避直播带来的数据化影响，数据可以被变成模型，模型能变得更具有高效性和完整性，通过大数据我们能分析一切、发现一切，利用大数据技术提升我们的生活环境，提升我们的工作和收入，提升我们衣、食、住、行各个方面的消费日常情况，也能使自身更好地认识自己，而企业则能更为有效地实现商业模式的突破。

3.5 人工智能化的直播运用

互联网信息科学技术里面包括了云计算、大数据、物联网等几个方面，但是不可忽视的是，在直播技术领域人工智能也是相对重要的。有人说直播仅仅是人和视频的互动，不涉及智能化，这种观点是不正确的。人工智能是智能化的人工模式，也是人工手段的智能化变动，人工智能看起来是将所有的东西都智能化了。“人工系统”是人的复杂的知识系统，而直播软件和空间可以利用其更好地为受众服务，给我们带来良好的用户体验。

人工智能是对信息和思维模式的一种改变，其会让直播结构发生变化，让技术更加体现在直播互动里面，诞生人们所谓的“类人脑”，它具有功能模拟作用，可以对现代人的思维进行模拟，帮助人们实现更好地直播，也帮助用户更好地理解和享受直播。直播模式最开始被运用于机器人领域，这提升了经济社会的发展水平，有效地满足人们的需求。不过对直播而言，人工智能的发展还面临一些问题，这些问题也影响其效率与质量的实现。智能技术往往是一个需要感知的技术，它会根据相应的程序设定和提示做出能够达到目标的一些行为，而这种行为是自动化的，包括了比较复杂的环境。如果要将人工智能的前沿技术运用到互联网直播领域，那么会是一种新的方式，这可以通过好的语言和思维来实现直播的互动化。现在的直播基本是人与人直接性的互动，如果将智能化技术加以运用，无疑能让直播更加贴近和了解用户需要。直播里面是存在系统的，每一种系统都需要支撑这个画面，而智能化的运用可以减少非必要因素的支撑，降低直播成本。随着经济社会的发展和人们生活水平的提升，人工智能技术将实现更大的突破和发展，而这一切都会为互联网经济提供帮助。

第四节
群体——互联网催生大众线上观众

4.1 互联网用户基础群体发展扩大

互联网直播的发展离不开特定的群体和观众基础，这是互联网直播的必备条件，也正因如此，互联网发展给直播发展提供了收视听源泉。互联网的发展是不断变化的，从小到大，由浅入深，这让网络大众开始成为互联网的主要群体。互联网已经进一步渗透人们的生活领域。2014 年，人均上网时长为 25.9 小时；2017 年，整个上网时长进一步提升，除了以前的上网需求外，还有“互联网化”的直播趋向。2017 年互联网用户超过 8 亿，上线时间和视频在线时间相比三年前大幅度增长，这为整个互联网直播的发展和成熟带来了良好的观众基础。截至 2017 年 6 月，中国网民数量达 7.51 亿，互联网普及率达 54.3%。网民基数决定了线上用户的购买力，同期我国网购用户人数达 5.14 亿，半年增长率达 10.2%，网购渗透率达 68.5%。

直播的观众需求从开始的数百人、几千人逐步发展演变为数千万甚至上亿群体，知名的直播和相应的直播模式可以带动上百万人次的实时观看，这是互联网用户普遍增多的结果。

4.2　终端覆盖扩大催生移动用户

随着智能化终端系统突破 13.7 亿台，在移动终端领域流量的重要性已经不言而喻，因此流量也产生了很多的商业模式和价值，这些都为直播软件和系统提供了强大的载体。而作为一般意义上的终端，智能手机等带来的是一种更高效的模式，直播的娱乐和社交需求在这里得到充分的展示。终端市场还在持续不断的增长，用户的规模也在不断提升，这些都为人们提供了良好的便利。这也让其从 PC 端向移动端转变提供了可能。互联网终端系统范围越来越广泛使移动场景成为可能。在市场基本稳定的格局下，网络直播终端随着终端覆盖程度而不断发展，以前直播只能固定场景，但现在直播场景可以随处移动，直播场景已经不再单一。

具实在移动终端行业不断发展的情况下，大家对直播的新鲜感也在不断变化，用户需求产生了不同的市场缺口。虽然前有直播元年的驱动，后有直播模式的驱动，但总体上来说随着政府监管的深入开展，包括移动互联网终端在内的各种模式都在不断变化发展，这也为大家指出了新的方向。

2016—2017 年，国内移动终端的直播用户规模正在逐步上升，目前国内拥有 13.7 亿台智能终端设备，平均数为人手 1 台。但季度增速放缓，人口红利减退，充分盘活和经营现有的流量成为挑战。根据中国国家统计局最新数据显示，2016 年中国大陆总人口为 13.83 亿人，约人均 1 台终端设备，经营流量的时代来临，为直播群体的成长提供了基础和可能。

总的来说，随着互联网直播技术的不断发展，网民的直播量与观看直播数量也越来越大。

4.3　直播群体迅速成长

4.3.1　年龄层次多元

从年龄分布来看，关注直播的人群以年轻人为主，仅 20 ~ 29 岁的用户群体占比近半，达 49%；19 岁以下群体占比 11%；30 ~ 39 岁群体占比 28%；40 ~ 49 岁以及 50 岁以上的人群分别占 7% 和 5%，如中投顾问在《2016—2020 年中国网络直播行业深度调研及投资前景预测报告》中认为，归根结底，网络直播行业目前的发展依然以娱乐性质为主，因此更加受年轻人群体欢迎。加之美女和游戏元素的内容产出，既满足了年轻人的口味，也为吸引更多年轻用户关注与参与起了积极作用。而且 UGC 的内容生产模式需要思维大胆开放且颇具创造力的年轻人来承担主要的内容生产任务。

4.3.2　青少年群体成长空间大

从新浪微博数据中心发布的《2016 年直播行业洞察报告》显示，11 ~ 16 岁的网络主播、观众分别占到总数的 12%、10%，尽管占比并不算大，但结合直播用户的基数而言，未成年人直播用户数量已经相当可观。网络主播似乎有年轻化的趋势。网络主播大多数都是比较年轻的，其中游戏主播更是如此。现在市面上的很多游戏都是针对未成年人开发的，即使不是针对未成年人但也会吸引许多未成年人玩家，所以网络直播平台上的未成年主播很多，同时以未成年人为主要受众。

第五节
快速——互联网与直播从无到有的内在动力

5.1　互联网让直播市场规模逐步扩大

依托互联网，直播从无到有，形成了强大的市场效益，数量的增长和行业的变革，让市场用户和产品规模都急剧扩大。《2016—2020 年中国网络直播行业深度调研及投资前景预测报告》中提到：近两年来，网络直播迅速发展，成为一种新的互联网文化业态。2017 年，全国在线直播平台数量接近 200 家，其中网络直播的市场规模约为 90 亿元，网络直播平台用户数量已经达 2 亿，大型直播平台每日高峰时段同时在线人数接近 400 万，同时直播的房间数量超过 3000 个。

由于在线直播的门槛非常低，只需一台电脑和一个账号即可进行直播，手机更是让随时随地直播如同家常便饭，秀场、演艺、户外、电竞、教育、明星等各类主播形态兴起，IP、粉丝、流量等让企业家和投资者兴奋不已，他们纷纷试水在线直播，行业发展驶入快车道。

5.2　移动直播发展空间巨大

直播的空间是很大的，特别是在这个移动用户逐步成长的时间段内，用户的消费习惯更多地转向了终端，根据早期的直播行业有关数据显示，以传统秀为主流的直播收入比重逐步下降，而以移动直播为主要媒介的新兴直播工具逐步兴起，成为行业的重要支撑力量。这表明即使是直播，也会存在几个不同的区间和阶段性信息，可以预见在2018年整个直播行业的生态还将进一步演变，这也让越来越多的人对其模式产生了兴趣。

互联网的发展以及观众的增长，加上移动用户和终端市场的扩大，让差不多一半以上的人开始接触和了解在线直播。数据显示，越来越多的人开始对直播这种产品产生兴趣，因为有的直播确实可以减少人们的一些问题，让人们过得更加快乐。简单地说，这是一种心理状态的变化。

5.3 互联网与直播的关系

5.3.1 互联网增值服务是基础

增值服务就是互联网给人们提供常规服务以外的一种增加性服务，这种服务可以极大地改变我们的生活，让虚拟机以外的服务成为现实。在当代社会，人们越来越注重对游戏、语音、可视电话等方面的需求，并试图从互联网渠道来获取，这样就体现了互联网服务的增值性。在以前腾讯可以提供包括会员增值、社会服务、游戏等方面的功能，这些都是基于聊天以外的一种需求和市场空间。互联网市场有很大的整体价值，关键在于我们如何去完整地开发这个市场。互联网以网络社区为主要基础，而直播其实也是互联网服务的一种延伸，其具备自我表现和娱乐的基本功能，也能让市场表现得更有特色，从价值链上来看，互联网直播既是产品发展的需要，也比较符合市场的价值需求。

互联网增值服务主要以网络社区为基础平台，通过用户之间的沟通和互动，激发用户自我表现和娱乐的需求，从而给个人用户提供各类通过付费才可获得的个性化增值服务和虚拟物品消费服务，主要服务包括会员特权、网络虚拟形象、道具、个人空间装饰、个人交友服务等。

5.3.2　直播是互联网的延伸

直播体现的互联网技术加上网络电视直播，就具备了海量存储、查寻便捷的功能。信号塔在以前是一种比较直接性的时空数据传输中介，人们依托其进行视频、数据等信息的传播。而随着生活水平的提升，人们不再满足于这种需求，所以逐步发展出一些更为方便和先进的传输系统，这种模式更加能体现空间性和时间性，也可以让数据传输更加具有交互感，是人们所称赞的一种模式。互联网直播就很好地体现了这种产品的特点和优势，电视直播在之前就将互联网直播的一些优点展示了出来，而互联网直播成为成熟的产业后，人们又开始注重其产品的功能性，其可以给人们带来包括文字、图片、视频、语音等多个方面的功能，让大家通过互联网直播逐步了解自己想知道的东西。可以说基于不断变化的形式和互动，现在的人会更多地去关注网络，通过这些方式来满足人们的需求，也让产品有了价值空间和成长性。技术的发展和直播的出现让信息传播更为方便，因为没有电视机而无法及时看到直播，而等待网络上的更新又往往要等到 12 时以后，这就使在手机、网络上看电视台的直播节目显得至关重要。

5.3.3　直播是“互联网 +”的场景运用

国内“互联网 +”理念的提出并未明确与“ + 互联网”的区别，两种模式主体不同，适合的经济体也不同，不可通俗地认为“ + 互联网”就是“互联网 +”。就直播而言，“互联网 +”就是一次很明显的实际运用。“互联网 +”其实是一种早期的商业化观点，随着人们对网络世界认可度的提升，大家对这种概念的认识和看法也在发生变化。特别是作为一种能专注行业和产品的思维，“互联网 +”可以有效地将线下的和线上的东西相结合，这样就能有效地将传统产业和新兴行业结合起来，不仅能真正提升我们的经济发展水平，还能不断地拓展和提升国家经济规模与体量，让包括直播在内的各种模式不断创新发展。在“互联网 +”的背景下我们需要仔细思考，思考一个企业应该有的作为，这样才可以不断地提升自己的生存空间，更好地发展下去。

对直播来说，这是互联网对场景和视频的一种升级，其让人们更加注重对产品效率的提升，也让大家对这一模式产生了的新看法。在现代商业社会，直播和人们生活的各个方面越来越近，恰好证明了直播的价值所在。当然互联网和其所加的各种产业目前已经成为社会各界都非常关注的一个问题，简单地说直播就是互联网将线下的东西和线上的东西结合起来创造的一种产品，这种产品可以有效给人们带来成长空间，并且能极大地提升技术和生活的链接度，让互联网和直播场景结合地更加紧密，创造出良好的生态效果。当然"互联网+"语言不仅仅代表了一种新的文化传播价值，也代表了一种很关键的东西，让文化软实力代表我们的心声，代表我们各个方面的意见和建议，直播就是一种用技术形态改变语言模式的东西。

"互联网+"语言作为一种新的语言传播模式，如何充分利用它来增强语言影响力，无疑是值得我们认真思考和深入研究的问题。"互联网+"概括了信息通信技术高度融合发展背景下的新一代信息技术与知识社会创新2.0的互动与演进，也是对当前创新2.0研究十大热点和趋势的一个概括。

"互联网+"作为智慧城市的本质特征将推动形成有利于创新涌现的生态。"互联网+"的"+"，不仅仅是技术上的"+"，也是思维、理念、模式上的"+"。其中，以人为本推动管理与服务模式创新与创业是"互联网+"的重要内容。

本章总结：互联网的发展是人类生产力发展的必然结果，它从发展、范围、技术、用户群体、基础条件、商业利润动力等方面为直播的出现和发展提供了强大的支持，是直播雏形出现的必然结果。

02 第二章
共进——直播与互联网携手相扶

第一节
互联网直播年的异常效益

1.1 互联网驱动直播雏形初现

随着互联网的不断深入，直播行业逐渐火热起来。直播行业的定义比较广泛，在整个模式里面也更为多元。直播分为现场的和非现场的，传统的直播分为文字类的和突破类的，如我们的直播新闻还有一些演绎的作品。随着经济的发展和人们生活水平的提升，大家对直播模式的认识也更加充分，这能有效地提升大家对直播的兴趣，使诸如泛娱乐化的映客直播、花椒直播、Isplay 玩潮直播，游戏直播的虎牙直播、斗鱼直播，功能向选秀造星的猫空直播和商业活动领域的视秀直播平台受到人们的欢迎。

据中国报告大厅发布的《2016—2021 年中国视频点播和直播网站行业市场需求与投资咨询报告》显示，网络直播在过去的一年中经历了各种规范整治政策，2017 年直播行业将进入平稳发展期。

1.2 资本注入助推直播发展

目前，整个网络直播市场不再低调，显得更有底气。整体来说，2016 年是国内直播行业发展的一个大的转折年，这一年资本效益凸显，一方面是全球性直播发展环境的改变；另一方面是人们投资理财模式的变化，很多公司都获得了不少的融资。

烧钱大战其实是资本市场的一个特点，随着行业的进一步发展，大家在内容投入上会更多，所以粉丝越多的优质内容诸如游戏直播等就更容易受到大家的欢迎。

互联网巨头纷纷杀入直播领域。现在的直播平台越来越多，用户规模也在增长，一些大型的网络直播平台注册用户过亿、月活跃用户超千万。很多互联网巨头更多将业务布局到这个产业里面来，在资本的操作下，大家对资源的抢夺和占用更为明显，为了挖人和吸引用户可谓是不计成本。

1.3 刷粉成本增加

在直播“元年”，互联网直播效益明显，而刷粉成本暴涨，整个行业的起步价上涨同样明显。人们所关注的焦点不断变化，虽然成本上升，但是其所带来的效益仍是可观的，甚至导致了各种热门现象，如有的人在淘宝就能购买到相应的粉丝量。其实通过金钱购买粉丝的现象是非常普遍的，这在整个行业内都不算什么奇怪的事情，有时你会发现，1 元购买的粉丝头像和昵称都很假，但是却假的十分有价值。

第二节
多家直播有了成长故事

互联网推动了直播产业的发展，也推动了其他多家直播企业的成长。本节重点分析直播行业较为知名的几大平台。

2.1　斗鱼直播

2.1.1　发展历程

斗鱼是目前行业内比较成熟的直播平台，其以分享为主。ACFUN 生放送直播是其前身，于 2014 年 1 月 1 日正式更名为斗鱼 TV。游戏直播是斗鱼的基本功能和组成部分，当然也包括一些综艺、文化娱乐等方面的内容，斗鱼直播这几年的融资成本不错，所具备的商业价值很高，所以也具备较好的空间分析模式。2016 年 8 月 15 日，斗鱼直播完成 C 轮 15 亿元人民币融资。同年，斗鱼直播跻身“中国文娱创新企业榜 TOP30”。

2.2.2　礼物系统

斗鱼鱼丸可以由用户任务免费获得，或者通过充值、游戏等特别活动得到，用来送给斗鱼主播，斗鱼官方会对鱼丸结算作为主播工资，1000 个鱼丸等于 1 元人民币。

斗鱼鱼翅是斗鱼 TV 新增的道具，观众可以用来赠送主播，开启酬勤任务，激励主播多开直播！主播获得的鱼翅可以在个人中心兑换奖励。目前斗鱼鱼翅充值 1 个需要 1 元 。

酬勤系统。酬勤系统能帮助玩家更好地体验平台的乐趣。完成相应的任务就能得到鱼奖励，同时您也可以获赠大量的鱼丸，这吸引了不少人。酬勤有三个等级，初级酬勤需 15 鱼翅，奖励 1000 鱼丸和 30 天 V1 头衔。不过每个层次不一样，所拥有的东西也不一样，当月主播直播满 30 小时酬勤任务完成，获得鱼翅；而中级和高级所需要的时间就更长了。

兑换规则。斗鱼主播礼物兑换规则：

鱼翅兑换包括酬勤以及礼物两类：

A 酬勤兑换标准：

初级酬勤：当月主播直播满 30 小时，获得此酬勤奖励。

中级酬勤：当月主播直播满 40 小时，获得此酬勤奖励。

高级酬勤：当月主播直播满 60 小时，获得此酬勤奖励。

注：如主播在结算周期内直播时长未达酬勤结算要求，斗鱼将不予发放未达等级酬勤，并且自动将对应数量鱼翅返还给用户。主播酬勤统计日期为上月 21 日至当月 20 日；酬勤直播时长统计日期为当月 1 日至当月 31 日。

B 礼物兑换标准：用户通过购买鱼翅或其他方式获取鱼丸给主播赠送礼物的，该部分礼物会按照每月一次的结算标准兑换给主播，每个月的礼物统计时间以主播上次个人中心点击兑换时间为起点，本次点击兑换时间为终点，周期内礼物即为当月主播所获得的礼物数量。主播个人中心查询的礼物收益即是主播可获得的税前收益。

C 鱼丸鱼翅兑换周期：鱼丸鱼翅兑换周期为每月一次，主播当月鱼丸鱼翅将在次月的 8 ~ 15 日在主播个人中心开启兑换，达兑换标准的主播需在此期间自行操作完成兑换信息登记，并可在个人中心更改银行信息，而当月修改的信息于下月生效。

D 鱼丸鱼翅发放周期：一般来说主播兑换的礼物所得，会从点击兑换后一周算起，45 个工作日左右到账，由于信息登记有误导致打款失败的主播，斗鱼会再次联系重新打款，同时主播也可通过斗鱼客服平台咨询，在主播提供了正确的银行信息后会在提交期后 10 个工作日左右补打款，而当月未完成兑换登记的鱼丸鱼翅收益部分将自动累积至下月。

E 直播间违规处理：如果主播在某兑换周期内由于违规操作导致直播间被封禁，我们将冻结该部分鱼丸鱼翅收益，并取消其当时兑换周期内的鱼丸鱼翅兑换资格；如多次出现直播事故或违规情况，情节严重的主播将取消其后续申请开通直播间的鱼丸鱼翅兑换资格。

F 个人中心操作说明：每个月的兑换开启周期内主播需前往“个人中心”——“主播相关”——“收益兑换”处完成兑换登记；每个月的收益兑换详情可在“个人中心”——“主播相关”——“直播收益”处查询。

2.2.3　积分规则

为维护斗鱼直播平台的基本秩序，让大家有序地参与到这些活动中来，斗鱼正式上线直播间扣分管理办法，对整个管理进行了优化，每个直播间总分值为 12 分，如果出现一些问题则需要扣分，并记录相应的档案，其直播间分值管理办法：

（1）申请直播间的主播，应该根据相关的政策和法律完成身份认证，通过真实身份证扫描，进行比较完整的实名制注册。

（2）扣分系统总分值为 12 分，如果其分少于 4 分，则被视为出现了一定的问题，需要进行改正，系统将关闭该直播间的礼物、酬勤系统，而当分数为 0 分时将对直播间永远关停。

（3）如果主播直播间分值低于 12 分，应该有相应的加分，这需要根据自身的实际情况做出选择，加 1 分是对其表现良好的认可。

（4）主播违规行为可以被分成多个级别，分为严重违规和其他违规。

严重违规扣除所有分值，根据法律法规处理，并永久封停直播间；其他违规根据各版块的规则制度和其他规则进行警告、处罚，并扣除相应分值。

2.2.4　战略发展布局泛娱乐方向

斗鱼直播和酷狗音乐 2017 年在上海举办主题为“强强联手，乐动 2018”的战略合作发布会，双方公布了以音乐为核心的升级战略，以斗鱼主播资源和酷狗音乐平台资源为核心的合作战略，为直播行业向明星泛娱乐行业发展提供了一个划时代意义的跳板范例。

斗鱼作为直播行业的龙头老大，是互联网业内成长速度最快的互联网企业之一，但其并没有因此停下探索的脚步。在近两年直播业逐渐进入稳定期之后，斗鱼仍在积极地扩展自己在泛娱乐领域的布局，包括网红培训、电竞战队、经纪公司、海外直播等领域投资。目前斗鱼的主要直播明星中，不乏数百万粉丝的大主播，这一数量级已经超越某些传统演艺界和音乐界明星。

在传统直播领域之外，最大化调动粉丝积极性，将手中主播资源从游戏领域的高峰向另一个高峰跨越，斗鱼加快了其在泛娱乐领域中的触角延伸。斗鱼和酷狗音乐双方的战略合作，通过“互联网最强主播歌手”战略打造“主播音乐梦工厂”，使斗鱼整体资源第一次全面接轨“音乐”行业。“不把鸡蛋放在一个篮子里”的企业思维，从直播内容扩展向公司发展战略方向。未来将平台本身与明星主播深入绑定后，斗鱼很可能还会加强直播明星培训并大力加强经纪公司建设。

精确而大胆的“鹰眼式”发展，总是让斗鱼走在品尝直播流量红利的最前列。双方合作将在未来三年共同打造 10 位主播歌手，预计推出百首歌曲，这将为斗鱼的“直播 + 音乐”战略打下基础。同时，斗鱼在游戏之外向音乐领域的扩展，有利于解决直播平台对游戏、秀场内容的依赖，结束平台、主播之间脆弱的合作关系，缓解平台运营压力和风险，从而打破直播平台运营桎梏，甚至可能逐渐将直播平台的战略方向向音乐、影视等泛娱乐方向扩展，加速斗鱼泛娱乐产业布局。

明星主播深入绑定，开创直播新格局。依靠斗鱼和酷狗音乐强大的培养和渠道能力，斗鱼提出了解决直播行业“挖墙脚”这一行业恶疾的“良方”。通过将有“音乐梦想”的主播进行深入绑定，满足主播自身发展需求，使斗鱼的“演艺经纪”技能树迅速点满，在与主播进行深入绑定后，斗鱼或将解决平台之间频繁相互“挖角”的行业恶疾。通过对企业发展状况的深入分析，斗鱼告别了“被动式”的行业普遍发展情况，深入病灶解决自身问题，在建立主播、平台强力纽带的同时，开始寻找最具互联网价值的流量变现模式。走在行业最前沿的同时，斗鱼站在平台与用户的垂直关系之外，寻找直播平台“互联网属性”的真正意义所在：影响力—斗鱼—行业互联精神。其最终结果就是利用新玩法扩大影响力，成为互联网娱乐领域的“超级内容生产机器”。

斗鱼联手酷狗音乐将重点打造品牌合作新模式，力求让主播拥有专业的音乐人形象。一方面，酷狗将力邀曾成功打造张惠妹、孙燕姿、萧亚轩、潘玮柏、张韶涵等华语歌坛一线巨星的专业制作团队，为主播打造优质数字专辑，并以双平台粉丝作“催化剂”，力推主播开拓“音乐事业”。另一方面，围绕人气主播及优质音乐作品，依托合作双方线上、线下推广渠道，让主播可以走出单一的直播间，进入更大的舞台，获得曝光。据悉，酷狗音乐将整合企划制作宣传资源，让主播通过系统化培养，赋予其明星气质，打造“主播+歌手”的音乐人新生态，除给予他们更多好的音乐内容外，也让他们以更加专业、更具音乐质感的形象呈现在大众面前。

把握行业痛点，造星运动掌握直播下半场风向。目前斗鱼已经是国内最大的直播平台，月活跃观众两亿，拥有主播 400 万余人，高峰期间 2 万人同时开播。超人气主播为主播迈向专业领域发展奠定基础。

目前，斗鱼第一批向音乐领域发起挑战的主播已经就位，桃 15、阿冷、张大仙等人将在未来一年中推出多首符合主播气质的定制歌曲。围绕人气主播及优质音乐作品，依托合作双方线上、线下推广渠道，让主播可以走出单一的直播间，进入更大舞台。未来，斗鱼发展方向将跳出直播这一单核心，向双核心甚至多核心企业运营模式发展，并将在专业明星培养和版权运作方面做出深入挖掘，在与相关行业强强联手中扩大线上、线下推广渠道，打造一个集游戏直播、明星养成、演艺经营、版权运作等多领域协同合作发展的斗鱼泛娱乐闭环产业链。

2.2 熊猫直播

2.2.1 发展历程

熊猫直播是由上海熊猫互娱文化有限公司创办的一家弹幕式视频直播网站，创始人为王思聪。2016 年 11 月，熊猫直播荣登 2016 中国泛娱乐指数盛典"中国文娱创新企业榜 TOP30"，成为大家关注的焦点。

2015 年 7 月 23 日，熊猫直播母公司"上海熊猫互娱文化有限公司"正式成立。在这个过程中，工商注册信息以及股权变动是比较常见的，不仅是合伙人的投资人数和资金的增长，还有人们知识的提升，这是直播企业不断的结果。

熊猫互娱的经营范围比较广泛，基本涉足了相关的文化娱乐和传媒领域，所以其发展环境和趋势也是不错的。

平台分析。从市场分析来看，包括熊猫在内的知名主播成为各个电竞平台争夺焦点。对目前比较流行的电竞游戏而言，需要平台的内容和相关的气质以及好的画质清晰度；竞技技巧还有专业的解说水平；精彩赛事和人气主播。其中，主播是平台最重要的资源。电竞直播独有的低门槛特征和淘金热现象，使很多人参与到整个行业中来，致使挑选主播成为一种挖金现象，大家都会选择好的主播。

熊猫直播出招一：抓各路"实力派"主播。电竞直播平台的受众一般是不一样的，有的喜欢游戏，有的是职业玩家但不是用户。就拿战旗 TV 发家史来说，独家签约多名退役职业玩家当主播，借助大量的高水平竞技内容确定了行业领先地位。目前在国内收入榜排在前20的主播中，很多人都是职业出身。

而对熊猫直播来说，首先，王思聪本身是IG战队老板，这是一种资源优势；其次，原本斗鱼炉石传说的许明星主播也加盟这个平台。这样一来在实力派方面，熊猫直播就拥有了自己的行业地位。

熊猫TV出招二：签约一些重要的明星如Angelababy，强大明星主播阵容可以借助其粉丝的经济效益逐步形成巨大影响力。8月4日周杰伦《英雄联盟》开黑直播成为年度大事件，观看人气高涨，比赛视频当天的收看人数就已经超过了1600万。

资本是电竞直播平台长期健康发展的关键环节和核心，电竞直播平台的核心一般在于其传播性和价值性，用户、内容和传播性都是关键。通过上下游资源（主播、版权等）的整合吸引大量用户关注并参与，同时让用户与平台进行高频率的互动，在互动过程中进行再延伸、深化和实现突破，中间的工作包含技术及一些营销、策划等方面的内容。

2.2.2　熊猫直播发展转型

大浪淘沙，经历了几年的野蛮生长，喧嚣一时的直播市场终于迎来了大洗牌。而随着中小直播平台的出局，行业也开始涌现出诸多独角兽，这其中就包括即将度过两周年生日的熊猫直播。熊猫直播的两周年，也是直播进入成熟的两年。自2015年10月开启公测，熊猫直播近两年的发展一直处在快车道上。凭借对优质内容的掌控和资源的集聚，熊猫直播在两年间快速发展并成功崛起，占据了整个中国直播行业的头部位置。

提及熊猫直播，有一个不容忽视的人，那就是“国民老公”王思聪。2011年，王思聪收购了CCM战队，并在此基础上组建了IG电竞俱乐部，此后他在电竞领域进行了多方位的布局。利用王思聪本人在电竞领域的先天优势，再加上重金挖来头部主播资源，熊猫直播很快在游戏直播领域站稳脚跟。根据《中国游戏直播市场年度综合分析2017》数据显示，熊猫直播的优势非常明显，以11.61%的优势位居日活增长率第一位，第四季度次月留存率也超过6成，比其他平台都要多。

截至2017年7月，熊猫直播月度活跃用户已超1亿。目前，熊猫直播在游戏、娱乐、户外主播等多领域占据领先地位。2017年5月，熊猫直播还宣布获得10亿元B轮融资。两年时间并不算长，但对刚处于起步阶段的直播行业来说，这两年已基本决定了未来行业格局的走向。

自2016年网络直播平台大规模兴起之后，忽然之间直播行业就拉开了"百播大战"的大幕——抢人、烧钱、圈地盘。但随着人口红利渐失带来的负面效应，短短两年之内，直播市场就从蓝海变成红海。据不完全统计，目前已有很多直播平台关门，多家直播平台已经开始逐步下线或暂停服务。但像熊猫这类成熟的平台，却开始脱颖而出，这两年，熊猫直播跟随行业开始进入成熟的新阶段。

（1）疯抢主播的时代已经一去不复返。

直播的赛道一直都缺乏明显的壁垒，所有平台都依靠签约头部主播来圈住用户。无论是从整体的用户市场、流量角度、各家的差距，还是大主播们所能带来的效应，整个游戏直播市场基本上形成了一个固定的格局。既然有号召力的主播是有限的，平台能靠的也就只有钱。这直接导致斗鱼、虎牙和熊猫几大平台展开了一场针对头部主播的"军备竞赛"。

随着各大游戏直播平台的疯狂挖人，主播的签约价格水涨船高。2015年，即使是人气一般的中小主播也能较易获得六位数的年度合约。但进入2017年之后，几大平台有了偃旗息鼓之势。平台和主播很大程度上是一种共生关系，主播依赖平台获得曝光和收入，而主播的UGC内容又是直播平台必可不少的一部分。但平台并不希望看到主播大到"寡头垄断"，所以为了解决这种困境，直播平台都开始介入主播培养的过程，而不再从外部挖主播。

2017 年熊猫直播正式启动了主播包装计划，给予主播升级提供平台内参与 PGC 节目录制、平台自有品牌赛事参与以及黄金媒体资源曝光的机会。借助熊猫直播自有的明星经纪产业链上下游资源，给予主播成为真正明星的路径规划，而不是放任主播野蛮生长，靠不正当的方式博取眼球和知名度。主播市场开始出现降温，平台也意识到烧钱签约主播最终对整个市场的发展毫无意义，直播行业终究是要回归正途。而在游戏直播平台完成初步跑马圈地之后，依托现有的流量基础，更好地实现商业化才是接下来的重点。而这样的共识无疑也给了直播平台一个很好的契机去追求利润。

（2）内容差异化将成直播新阶段开始。

直播行业现在面临的一个最大问题，在于内容的同质化。各大平台除了直播的主播不同之外，内容与套路几乎完全一样。在这样的背景下，未来各平台必须要寻求差异化，才会有突围的机会。而在这一点上，熊猫直播很早就有了先见之明。一方面，尽可能地拿下更多的独家赛事，使得平台拥有比竞争对手更加多样化的内容；另一方面，则借助平台既有的优势，生产更多的精品化内容。

2017 年，熊猫直播拿下英雄联盟 LPL 春季赛、王者荣耀 KPL 联赛全程直播权，将用户最喜爱的赛事收入囊中；豪取“德玛西亚杯”独家转播权，成为赛事唯一直播平台，对炉石传说、DOTA2、CF、FIFA OL3 等热门电竞游戏赛事也是一网打尽。同时，熊猫直播还将一系列赛事联合打造成自主品牌赛事——PSL 熊猫星联赛。在本次英雄联盟 S7 赛事期间，熊猫直播作为英雄联盟粉丝首选的赛事直播平台，在观看人数上已大大地领先其他直播平台，最高在线人数突破了 2400 万，旗下签约站队 WE 和 RNG 也携手进入 4 强。

而在当下最火的吃鸡直播领域，熊猫直播也占据了先发优势。借助和《绝地求生》开发商蓝洞官方的友好关系，以及明星吃鸡的热潮（陈赫、鹿晗、林更新、林俊杰等与熊猫主播连排吃鸡直播），熊猫直播很大程度上吃到了这股电竞新红利，熊猫直播主机区负责人曾在公开采访中表示，目前《绝地求生：大逃杀》的流量已经能够占到平台总流量1/3左右。

可以说，如今熊猫直播已占据游戏直播领域的领先地位。事实上，熊猫直播更想成为电竞行业的一个聚合口——有知名战队和选手，通过直播、承办各项赛事，扩大品牌的影响力，并联合香蕉计划培养属于自己的艺人，同时将游戏厂商、电竞俱乐部、职业选手、电竞赛事以及直播平台紧紧结合在一起，形成成熟的电竞体系。当然，对一个成熟的直播平台来说，仅仅只是在游戏领域取得领先，显然还是不够的。在已有电竞帝国的基础上，熊猫直播也抓准了现今泛娱乐发展的大趋势，并逐步横向加强平台的节目升级。这些高品质的内容，不仅让熊猫直播和其他平台之间形成了差异，还帮助熊猫直播开拓了更多的商业空间。熊猫耗费重金所打造的PGC内容获得了多家广告主的青睐。

（3）精品内容已成为熊猫平台核心竞争力。

在拥有庞大体量的电竞帝国之后，熊猫直播持续发力，逐渐开启了内容精品化的战略。对平台来说，主播流动性大，存在生命周期，要想把用户长期黏在平台上，还得靠内容。

因此，当直播行业的对手纷纷选择了快速扩展直播品类、固守游戏直播路线时，熊猫直播却始终坚信"内容为王"，从上年起便全力以赴地着手展开精品化内容战略的布局和搭建。

而这反映了当下直播平台的另一个趋势，更专业的PGC将会成为内容的主要贡献者。多年过去，PGC模式早就得到了验证。直播平台发力PGC的好处也不言而喻。从接受程度上来讲，人们早在电视时代和PC时代，就已经养成了观看PGC内容的习惯，无论是为了降低风险还是提高效率，他们都更乐意把时间和金钱花费在专业内容上。

PGC除了能引导社区氛围外，更重要的功能是整合资源，无论是培训主播还是请第三方团队制作，内容核心都把控在平台手上。后期的品牌植入、打造 IP 和电商接入等都是平台说了算。而 UGC 不可控性太大，野蛮生长带来一大批不忠诚的主播和粉丝，商业价值几乎为零，互联网终究是流量的生意。纵观如今整个互联网，最大的两个流量入口无非就是社交和内容。主播能够圈住用户，很大程度上在于主播能够形成基于跟随的弱社交关系。但相比社交，作为留住用户的重要手段，内容这一流量入口则更具有场景。

近年来，爱奇艺、优酷土豆以及腾讯视频等在线视频领域的玩家付费用户均出现大幅增长，整体用户使用时长也飞速提升，很大程度上就是因为在自制精品内容方面的投入。而不久前流媒体 Netflix 宣布明年投入 80 亿美元加码原创内容后，股价也应声大涨。Facebook、苹果以及亚马逊这些科技巨头也都计划加大原创精品内容的投入。

同样的道理也适用直播行业。在 2017 年 5 月宣布融资之后，熊猫直播表示将保持其在游戏和电竞领域的优势地位，继续拓展娱乐、综艺、户外、体育等多种泛娱乐直播内容。与此同时，熊猫直播还将与国内优秀的内容厂商一起合作探索新的直播类 PGC 创新方向。从 2016 年开始，熊猫直播携手芒果娱乐合作打造的《hello！女神》，俨然成为第一个传统视频与直播平台的互动综艺节目，创造了“直播 + 点播”“实时互动”等全新的概念。熊猫直播则继续深化对 PGC 领域的内容探索，《开心相对论》、“Panda kill”第三季、《侣行・卫星直播探世界》、“King of Panda”等精品化节目接连涌现。2017 年下半年，熊猫直播持续发力原创精品化 PGC 内容，2017 全年发布的精品 PGC 已超过十款。

对熊猫直播来说，精品内容不仅取得了口碑和收视的双丰收，还带来了除游戏玩家之外的泛娱乐用户群体。说到底，直播是一个流量生意。在直播行业从蓝海进入红海之后，突围而出的机会越来越渺茫，但 PGC 和精品内容的头部资源仍对用户有莫大的吸引力。两年前，我们只愿意为主播买单；两年后，内容付费已成为一股不可逆的趋势。对直播平台来说，打造精品内容已势在必行。有些事情总要去尝试，才有可能成功。

2.3 虎牙直播

2.3.1 虎牙直播简介

虎牙直播（YY 旗下直播平台）是当代中国领先的网络化互动直播平台，由欢聚时代（虎牙直播 NASDAQ：YY）投入的一些比较关键的核心技术与优势资源打造，能为大家提供很好的服务，这些服务包括互动直播视频，其产品包括覆盖 PC、网络化、Web 渠道、移动端等多个方面，当然有关美女、户外、真人秀还有其他的一些文化内容也比较多。2014 年 11 月 24 日，YY 直播正式更名虎牙直播。更名后虎牙直播全面转向 Web 端的发展——也就是多元化的模式和发展之路，包括微博、秀场、微信等都逐步的利用这种模式。"欢聚互娱"品牌就是公司的专业产品。以游戏运营、游戏资讯、游戏直播等为基本框架，在内外部资源不断强化的今天，建立一套循环和具有良好生态再生的闭环经营模式。

自 2012 年虎牙直播成立以来，虎牙直播一直都很看重经营问题，一直采取的是精品化内容战略。随着电竞赛事的不断向上发展，虎牙直播汇聚了众多世界冠军级战队和网络主播，引入国内外赛事的直播版权，深耕独家 IP 赛事；此外，虎牙直播积极发展娱乐直播，通过明星主播化等方式促进整个产业链发展，展开泛娱乐直播，启动全明星主播模式的市场战略，许多娱乐明星的直播处女秀和巅峰秀均是在虎牙直播完成。虎牙直播既是目前国内唯一的，也是首家全网启用有关于 HTML5 直播技术的互联网直播平台。用户不再需要安装必要的设备插件，打开虎牙直播往往在线就可享受"远离卡顿发烫，1 秒即开看直播"的畅快用户体验。这一技术的革新变化和优化，不仅让国内的互联网模式直播行业迎来了一个更为崭新的时代，还对外证明了产业化的中国在技术方面已经达到了世界领先水平。

虎牙直播是国内最为资深的以游戏内容为核心的直播平台，其在游戏方面有丰富的独家资源，汇聚目前最为火爆的游戏，如英雄联盟、王者荣耀、球球大作战、守望先锋、炉石传说等直播内容。在游戏电竞方面，虎牙直播汇聚了众多世界冠军级战队和主播包括国民电竞女神 Miss、超人气号召力主播董小飒、英雄联盟世界冠军 EDG 战队与世界亚军 ROX Tigers 战队等均签约虎牙直播，持续为用户提供独家的直播内容。

2.3.2　平台发展特色

特色内容包括游戏直播、互外直播、星秀直播和明星直播。

平台有豪华的主播阵容，战队明星大咖空降平台，以游戏为核心，虎牙直播通过全明星主播战略，签约了包括 EDG 战队、ROX 战队、MISS、安德罗妮夫妇、Dopa 在内的明星主播，俘获了"游戏宅"的青睐。同时打造更为专业的权威性赛事，YSL 自办赛事亮眼。YSL 联赛（YY Stars League）是目前虎牙直播中比较优秀的直播比赛，面向全平台所有优秀主播，以开放、依法、公平、透明、扶持的态度和思想，为游戏观众献上大明星级的赛事。在 2013 年举行的首届 YSL 英雄联盟游戏联赛曾创下观看量超过 1000 万人次的壮观。随着市场的成熟、品牌的扩大化以及产品的精品化，各路优质主播在这个发展过程中应运而生。2016 年，虎牙直播举办有关的创新比赛——野外技能大赛"寻找中国贝爷"。其运用好的思维和模式，将站在食物链顶端的男人——贝尔格里尔斯主持的电视节目《荒野求生》全面推向世界，让其有效地被全球观众熟知。赛事设置 10 万元现金奖和更多的福利，"从虎牙直播出发"一时间成为口号。

户外直播。虎牙直播推出以手机开播内容为主的"户外直播"以后，每天有数以万计的素人通过手机直播变身"户外主播"。"户外直播"如今也成为发展最快的泛娱乐品类，日活达 1000 万。搞笑搭讪、旅游探险、美女萌宠等新奇有趣的内容层出不穷，超强的人气吸聚能力，短时间内诞生了多名超高人气主播，同时也吸引了众多明星大主播空降开播。虎牙直播开创了全球首个户外直播节目《荒野狂人》。同时开启综艺节目，携手全球首档一站式互动养成直播剧《你行你上》，打破影视剧拍摄的传统模式。

星秀直播。星秀直播是虎牙直播以传统秀场为基奠拓展的新型娱乐直播，以好声音、舞蹈和脱口秀作为主要直播内容。品类内主播不仅有才艺爆表的素人主播，更有国内外的知名艺人。观众在与主播的互动中，形成了高度社区化以及高付费率的特性。星秀主播才华横溢，能歌善舞，谈古论今；不仅直播内容丰富多彩，主播颜值更是秀色可餐；数千名主播在这里展示自我，24 小时精彩不间断，让观众享受视听盛宴的同时，更能感受到直播的陪伴与温暖。

明星直播。2015 年虎牙直播与陈赫签约。陈赫投身电竞圈，代表着虎牙明星主播化战略的实施。虎牙直播为其打造了一档全新的全民互动明星直播节目——《德玛虎牙》，陈赫作为明星在直播节目中担任评审、主持、解说，化身全能游戏主播，跟粉丝进行前所未有的零距离接触。随后，虎牙再签约娱乐圈内的英雄联盟大玩家林更新，助力 S5，上演精彩表演赛。另外，林允儿、陈赫、唐嫣、赵丽颖、林志玲等一大波明星的直播首秀均是在虎牙直播上完成的。2016 年，虎牙始终实施明星主播化战略，通过在游戏直播、娱乐直播的过程中，粉丝找到与明星偶像之间的共同点，为有实力的明星玩家打造亲民形象，增加用户黏性。

2.3.3 虎牙直播转型之路

在新的调整下，虎牙直播注重产业的调整和战略的调整，从游戏出发，开拓更多的市场领域和细分品类，继承 YY（欢聚时代）的一些气质特征，注重主播与观众的有效互动。通过互动这样的基础性技术创新来增加观众与主播的交流，利用核心资源和平台优势推动自身的发展，在 2015 年保持第一互动直播平台的市场地位。虎牙直播在未来将着力打造平行模式，在培养自身的明星优秀主播的同时，也将为娱乐圈的明星提供和定制品牌直播访谈节目，将平台的直播市场和资源最大化，打破传统市场的草根与明星壁垒，为所有人或者草根主播提供通向影视娱乐圈的路径，为明星主播和用户粉丝之间的高效在线直接互动提供基础。

虎牙直播注重团队建设。首先，将成立相应的主播经纪团队，设立一个具有权威性和专业性的经纪部门，专门负责制订主播的发展计划，给每个签约主播明确科学的、个性化的主播成长和发展规划。其次，其会探索互联网市场和背景下多样化的培养方式，通过推出合适的互联网自制直播节目或引进专业的节目供应商加以培植，全面提高主播的素质和镜头前的表现力，进而营造主播的个人/团队品牌效应。最后，还会对主播进行全面的包装，确保其与知名影视音乐企业合作，打通影视、综艺、音乐、娱乐等渠道。

虎牙直播十分注重开展市场化的道路，也将继续拓展户外、达人、美女、动漫、御宅等内容的 UGC、PGC 模式。虎牙直播在推出户外活动内容以来，深受广大粉丝的喜欢和市场的欢迎，引来诸多人气主播跨界入驻。以户外局长为例，这些成为虎牙直播的典型代表活动，通过平台资源和相关方面的结合，建立了比较完整的明星见面会的内容生产模式，曾成功潜入电影《全力扣杀》明星见面会现场等提供了直播流媒体基础，这些活动以弹幕评论互动的形式，满足了广大粉丝们对于明星直接性的互动需求。对互娱这个维度来说，这是成功的，也是立足在线互动直播技术的成功。泛娱乐的领域会逐步发展，并最终找到自身位置，坚定跟用户互动、交流的直播方式，才能向更加宽阔的领域发展。

2.4　花椒直播

2.4.1　花椒直播发展历程

花椒直播，中国最大的具有强明星属性的移动社交直播平台，聚焦 90 后、95 后生活，每天实时进行互动和分享。目前已有数百位明星入驻，用户可以通过直播了解明星鲜活接地气的一面。花椒推出上百档自制直播节目，涵盖文化、娱乐、体育、旅游、音乐、健身、综艺节目、情景剧等多个领域。不论是脱口秀、歌唱乐队表演，还是名人主持，都能在花椒见到。

2016年3月，芒果联合花椒直播超女海选，采用网络直播的方式，评委老师透过网络视频与选手交流，多才多艺、搞怪奇葩选手可尽情发挥。6月2日，花椒VR专区上线，成为全球首个VR直播平台，开启移动直播VR时代；独创萌颜和变脸功能，丰富用户交互体验。

2.4.2 经营特色

(1) 明星战略。

花椒直播作为具有强明星属性的社交平台，已有众多当红明星入驻直播，包括柳岩、王祖蓝、李维嘉、印小天、华晨宇、胡军、沈梦晨、郑钧、温兆伦、金巧巧、颜丹晨、泰国当红明星李海娜、本山传媒家族、于正等，还全程直播了宋仲基台湾粉丝见面会、2016 AKB48总选举等活动，花椒成为明星与粉丝沟通的新渠道。花椒直播也形成了明星、网络红人、普通UGC、普通用户四大族群的用户生态结构，通过开展"造星计划"等打通了普通用户到明星逐级向上"孵化"、身份转变的通道，从主播成长为"网星"。主播徐大宝参加《美丽俏佳人》录制，作为演员出演影视作品；周然则应邀主持《超级女声》海选，而何蓝逗借助花椒直播参加超女进入300强，与人气小鲜肉吴亦凡亲密接触录制超女MV。通过花椒，这些当红主播正在成为名副其实的明星，花椒成为移动互联网时代的明星孵化器。

(2) 自制节目。

花椒平台推出《玛雅说》《马斌读报》《徐德亮讲鬼故事》等上百档自制节目，涵盖了明星、主持、相声、体育、星座、心理咨询、选秀等多个领域，丰富并且进一步优化了花椒直播的内容。众多电视台主持人、明星偶像以及社会名人则通过花椒自制节目自由地表达自身观点，以更加灵活轻松的方式为花椒上的网友带来精彩内容。

（3）融平台。

花椒致力打造“融”平台，与合作伙伴共同开拓一个开放、健康的直播生态圈，企业用户将同花椒进行更加深入的合作。目前已同途牛影视、百合网、型动体育等多家企业达成合作，并与《华西都市报》等传统纸媒以及《超级女声》《大话足球》《美丽俏佳人》等热门综艺进行合作，让大众熟知的传统媒体焕发出新的生命力，还直播了环球小姐和“潘谈会”等重大赛事与创业对话，为网友带来视觉盛宴和商业干货

2.4.3 转型战略

“造星计划”一直是花椒的重要转型发展战略之一，花椒主播能有今天的影响力，这一战略功不可没。2017 年，花椒与浙江卫视合作《中国新歌声》海选，与深圳卫视合作《歌手来了》节目海选，与杜琪峰、于正、范冰冰等著名导演、演员合作新电影、电视剧选角，花椒主播不但与明星同台飙戏，甚至登上纽约时代广场大屏。2017 年 11 月，花椒还与四川传媒学院达成战略合作，斥资 1 亿成立国内首家直播学院——花椒新媒体传播艺术学院，为直播行业培育优秀的主播及运营、栏目制作等新媒体专业人才。花椒还将在 2018 年启动“花椒红人”计划，引入更具有影响力的合作方和品牌广告主合作，打造花椒红人“微代言”模式。不仅头部大主播可以参与、中小主播一样有机会。承载内容→提供流量→连接公共领域→提供变现途径→协助提升个人 IP，很少有平台像花椒这样，为想成为网红和想收割网红红利的人提供一整套完整的解决方案。如果说 2016 年是“网红”进入量产时代的一年，那么经过 2017 年的大浪淘沙，花椒无疑找到了将“网红”经济从一种商品打造为一种良好商业模式的可行性，为行业内其他同类平台做出典范和带头作用。

造节也是造势，三位一体引领行业，要说中国电商所做的最大创新是什么，一般认为是“造节”。从声势浩大的“双十一” “双十二”到

"618"，在各种节日营销信息的轰炸下，用户难免会跟风购买，也会吸引到最多的媒体关注和资源。造节，本质上就是"激活"和"拉新"，激活已有用户的活跃度与参与感，拉动观望者，利用节日效应给他们一个关注和参与的窗口。一个成功的节日，可以成就一个平台，甚至造就一个时代，比如"双十一"。有节借势，无节造节，几乎成了中国互联网企业营销的超级核武。花椒打造首个直播节，成为整个直播行业第一个敢于吃螃蟹的人，不仅拉升了整个行业的高度，还为自己的江湖地位成功占坑。这与花椒一直以来不断构建完整的直播生态圈不无关系。把节日做成品牌，成就节日、成就平台乃至带动整个行业，每一个成功的节日都是如此。

互联网营销最大的秘密在于势能和重复，关键是要先走出第一步，并不断迭代和坚持。花椒直播节的未来值得看好。整体来看，花椒的"1218"直播节可以说是一次深具创新意义的活动，其线上线下联动造节，不仅开了行业的先河，而且也为直播打开了进一步的想象空间。或许2018年花椒soho、花椒学院、红人计划等结成硕果，我们能看到线上线下全面融合的花椒，能把直播、娱乐与商业的融合玩出新高度。还是那句话，需求变化催生变革。直播革命势在必行，要玩转直播下半场，就看谁更有资源、更有资本及玩法更多，谁就将走得更远。

第三节
主播诞生，网红时代开启

3.1 互联网和主播一同成长

主播是时代的产物。与现在的节目和活动主持人不同，一般来说主持人只是单纯地做主持内容的工作，将一段段节目有效地串联起来。但是在直播的时候，主播要做的工作更多，策划、编辑、采访、制作、导播、主持等一系列的事情和相关工作大多由主播自己亲自负责，即使不是全部也会将自身的定位融入其中。主播是一个很全面的工作，其包括但是不限于主持人。

互联网的发展诞生了网络主播，这一职业其定义是在互联网节目或活动中，负责参与一系列策划、编辑、录制、制作、观众互动等工作，并由本人担当主持工作的人或职业。在签约经纪传媒公司前务必要做好以后的基础发展分析，否则稍有不慎就可能给传媒公司导致惨重损失以及负面影响，甚至会遭到公司起诉赔偿巨额毁约金。网络主播是一个综合能力很强的职业，一个优秀的网络主播常常要一个人面对线上数万人、几十万人甚至上百万人，并且要实时与线上观众交流互动。值得注意的是，网络直播主播自 2016 年 4 月 18 日起必须实名认证。

众所周知，网络直播的发展和时代的脉搏是分不开的。因为，互联网直播一直是一个循序渐进、不断创新和被替代的行业，经过前期市场的初步培育，受众和用户群体的开发，网络直播在最近几年已经走向了成熟，开始呈现爆发式的进步和增长，并且有的平台早已经开始追求转型。从互联网直播模式下最早的呱呱到"9158"，再到市场最近的虎牙、熊猫、斗鱼……在2015年和2016年中国直播平台用户快速增长的背景下，直播平台的数量也急剧增加。网络主播也开始从简单的直播走向资深的内容主播，同时主播类型的细分、主播管理的规范、内容质量的提升和主播规模的提升，也使未来直播下的主播成为比较稀缺的资源。

随着互联网的发展，直播形式与录播形式也在不断变化，但不管是哪一方面，网络直播都不能离开互联网这个基础和平台。目前国内以直播形式居多，90%的网络主播都有自己的身份和专属空间，观众可以在主播所在的互联网直播平台以及网站，通过输入主播名称或频道号以及房间号等方式，查找进入其直播间。总体来说，网络主播的管理已经越来越多元化，目前也建立了全国性的资料库。

网络主播按照内容分为秀场主播、游戏主播、其他主播，其中秀场主播和游戏主播居多，其他主播形式较少。随着国内网络主播行业的蓬勃发展，视频直播行业及游戏产业的推动，网络主播的分类以及直播形式会更加丰富多样，互联网的发展也让娱乐空间更加多元。在当下，秀场主播以"90后"和"00后"居多，按秀场内容分为唱歌主播、MC主播、聊天主播、NJ主播、舞蹈主播、乐器主播等；游戏主播按游戏内容分为英雄联盟主播、DOTA2主播、穿越火线主播、地下城与勇士主播、风暴英雄主播、炉石传说主播、魔兽世界主播等，游戏主播通常是由游戏职业玩家、游戏高玩、游戏红人等转型而来。除了秀场主播与游戏主播之外的网络主播形式包括教学主播、美食主播、户外主播、外语主播、财经主播、健身主播、理财主播等，在国内以上主播类型中相对较少。

3.2　网络主播盈利模式多元化发展

第一种是时薪，直播平台会根据每天的工作时间提供报酬；第二种是礼物，即网友自己通过一些资金渠道花钱买礼物送给自己喜欢的网络主播，网络主播经过相应的扣款后才能拿到分成。这种模式不依赖自身的实力和人气是很困难的，网络主播的个人魅力和自身的气质、才艺才显得更加重要；第三种是衍生副业。在电竞直播初期，很多人利用这种模式来赚钱，但是网络主播的收入来源在广告方面已经被限制。不过，电商模式是衍生副业里最初级的商业模式，如果你的商品只是一些简单的生活产品，那么收益就会很低。

网络直播平台有时候会补贴相应的主播，这需要通过融资填补这些不能直接盈利的小主播的亏损。网络直播并没有表面看上去那么风光，直播行业的乱象也将会不断地被政策整治。

3.3　身价越高收入泡沫将越大

对目前很多网络主播的收入，“年收入百万元甚至千万元”，只是推广的一个宣传口号。随着互联网的发展，身价越高，收入泡沫将越大已成为定局。

在业内人士看来，网络主播这个行业首先需要“辟谣”的是，并不是每个观看网络直播的网友都会送礼物。这是存在一定的误区的。特别是随着整个网络市场的发展，网络主播可以得到的礼物提成基本是在35%～40%左右，有时还会下降，如果再扣除8%的个人所得税，那么网络主播拿到手的钱应该在35%左右。身价越高的网络主播其实网络泡沫也就越大。

网络直播行业“泡沫”的最后受益人是谁？渠道中介、经纪公司是第一受益人，网络主播是第二受益人。网络主播拿到手的钱并没有宣称的那么多，其中的原因就在于层层扣款。

3.4 主播群体职业化趋势明显

竞争激烈的直播行业，娱乐主播们生存环境究竟如何，是大众想象中的纸醉金迷，还是在面包与现实中挣扎？为了了解主播们最真实的生存状况，今日网红曾联合头部网在全国范围内向主播和公会发放了1500份调查问卷，再抓取了映客、花椒、一直播三大直播平台数据，从主播年龄、打赏收入、直播形态、消费观念等多个维度调查，以期还原一个真实的、不加滤镜的主播生存世界。

（1）女多男少的年轻人游戏。

根据相关的问卷调查的职业主播显示，目前在"90后"中，其主播占比48%，基本接近一半，算得上是互联网直播大军的绝对主力，"95后"也不甘示弱，以34%屈居亚军。所以作为生长于互联网和直播网络时代的"90后""95后"，基本成为当前网红的主体。"90后"目前已成为整个国家和社会的中坚力量，即将踏出象牙塔的"95后"，这些面临毕业季找工作问题的网络原住民们，对直播的接受度普遍较高。而根据抓取映客、花椒、一直播三大直播平台纯移动端的全网数据显示，其中1996年的小鲜肉们占据了直播的主流，主播人数基本以1996年的主播为中心向两边递减，越来越多的年轻人加入到直播行列。当然目前还是女主播为多，但是男主播也不少。

（2）开启学霸直播时代。

学霸也是网络主播的一部分。在大众普遍的印象中主播的门槛低，学历要求也没有那么高，这种想法是不对的。低学历的主播占比32.87%，看起来好像是很庞大，却忽略了一个变化，那就是直播低龄化，学生其实已经是直播的主力，本科以及硕士学历往往占据了很大一部分。

（3）一线城市主播最多。

作为一线城市，各方面资源自然是不缺，尤其是人才。映客、花椒、一直播三大直播平台的调查显示，在移动端，北上广深的主播数量排名都在全国主播城市榜单的前十五位，北京、上海更是霸占了主播数量榜的前两位。杭州和成都两地都盛产美女，泛娱乐产业同样发达。还有东三省，三地加起来占排行榜前十五位总人数的16%。

（4）主播怎么工作。

内容输出主要就是聊天。从直播的基本内容来说，之前的YY秀场往往是活动和形式上的直播，对主播才艺有较高要求，或者会唱歌，或者会喊麦。随着经济的发展，移动直播开始成为主流，人们的碎片化更加强烈，致使许多简单或者一般的人开始进入直播市场，46.15%的主播基本是在直播时以聊天为主要内容，当然也有靠颜值和个人的气质与魅力来撑的。除了聊天相对轻松之外，户外直播的内容更加重要，形式上虽然会更加多样，但是也更受环境的影响，如在线网络的影响，画质和音画的同步对直播带来的实际影响。户外直播仅仅占7%基本都是因为网络问题，原因自然是可以想象的了。

3.5　网红时代开启

如今的互联网文化圈，特别是大众文化圈已经不再简单和单纯。电影、电视、文学、音乐、传统艺术已经过于泛滥，量的提升使其在市场越发失去优势，再精彩的节目也很难成为经典。现在要在艺术上创造经典的难度很大，很难如十几二十年前的“前辈”一样，让作品几乎成为整个国家和中国人的集体记忆，而平民狂欢造就的网络红人基本上就如同“一种喧嚣的泡沫”。这是多元的时代必然发生的，并非人力可以扭转。在这片繁花似锦中，有人看厌了中伤和争吵而倍感失望，也有人因为数不清的自由选择而如鱼得水。网络红人和传统名人的不同，归根结底是成名的平台不同。网络红人目前可以分为三类：一是文字时代的网络红人。这是最早的一批网络红人，在互联网的56k时代甚至更早，那是属于文字激扬的时代，网络红人靠文字安身立命并走红。二是图文时代的网络红人。当互联网已经进入高速的图文时代，网络红人开始如时尚杂志绚丽多彩起来，在这个时代，女性占尽优势，以图载文载人。三是宽频时代的网络红人。当互联网进入了宽频时代，网络歌曲的流行成为宽频时代红人到来的显著特征。

互联网及直播时代下的主播通常被称为网红，但就网红自身来说，成名原因大致也分为三类：

一是艺术才华成名。这一类的网络红人有艺术在手，主要依靠自己的艺术才华获得广大互联网直播用户和其他网民的追捧。他们大多数身处草根，一般不是科班出身，没有接受所谓"正规"的模式和体系的训练，往往是依托其非同一般的自我能力和天赋。他们的才艺大多是自学，也正因如此，他们能在某个艺术领域开辟自己的天地，并逐步形成属于自己的独特文艺风格或者基本技巧。他们通过对外展示自己的作品，将作品传到个人网站或者某些较有影响力的专业性网站上来吸引人气。由于他们在艺术上存在一些问题，其作品拥有不同于主流的独特价值观品味，所以能逐渐积累起不错的人气。

二是搞怪作秀成名。这一类型的网络红人在才华上表现不多，主要是通过在网络直播上发布和自己相关的视频或者图片进行"自我展示"，通过搞怪作秀行为引起广大网民关注，进而通过网络走红。他们的"自我展示"有时候是正常的，有时候则是非法的，其作品往往具有哗众取宠的特点，他们的言论和行为通常借"出位"引起大众的关注。他们的行为一般来说带有一些目的性，有的时候则是因为商业利益。

三是意外成名。这一类型的网络红人通常与其他网红有所区别，他们主观上并没有刻意去让自己成为网络所关注的对象，也不会刻意去炒作自己，而是因为不经意间的某一行为被一些人挖掘和发现，并在众多网友的传播后通过照片或者视频传上网络才成为"网络红人"。

四是包装成名。这一类型的网络红人属刻意而为之，是通过精心策划专门打造出来的。他们背后往往有专业人士操作，或是拥有一个团队，经过精心的策划后选择在某个大众关注度很高的场合，通过一些有组织和计划的行为来展示自己，或者通过某些举动刻意彰显自身，给大众留下一个还算较深的初步印象，再组织大量的人力物力对这样的事情进行炒作和推动，在全国各大人气论坛发帖讨论，造成一个热门的假象，从而吸引更多的关注。因为这一类人事先经过精心的策划，所以只要时机把握得当，就很容易成功。但这种方式需要其推出后续作品以大量的炒作，没有后续其热度就会下降。

第四节
互联网受众用户成熟，直播群体爱粉连连

4.1 泛娱乐独立平台发展最为火热

4.1.1 主播蜕变为用户观看重要因素

2016 年用户接触直播的方式开始多元化，但是最为主要的还是直接通过独立直播平台接触直播。随着互联网的发展和视频网站、社交平台、门户网站与直播的关系日益密切，出现了强势链接的现象，越来越多的用户通过相关的媒介互动和平台上分享的链接去接触和感知直播行业。尽管未来独立直播平台会发生变化，但其仍将是直播内容的主要分发渠道，而社交、视频网站会是其很好的流量入口。

4.1.2 休闲为主要目的，兴趣、价值需求逐渐养成

目前用户观看直播的目的是多方面的，但主要目的依然是基于娱乐或者是休闲需求，如放松心情或打发生活时间。但随着整体直播内容质量的不断上升，用户对直播的兴趣需求开始发生变化，对相关的价值需求则变得越来越高。近半成直播用户希望通过直播跟随潮流或了解自己喜欢的明星、网红，还有近三分之一的用户对知识的要求变得更多，希望通过直播获取知识。未来这两种需求或许会成为主流需求，推动直播快速增长，并

且极有可能成为与休闲娱乐并列的主要用户需求。从2016年用户对直播需求的调查看，通过不同渠道接触直播的用户需求大多还是为了放松，尽管每个类型和模式的直播不一样，但基本都以放松心情为主。根据数据显示，独立直播平台与视频网站直播频道以休闲为主，兴趣、知识为辅；而门户网站直播频道和起投的社交平台分享除休闲需求外，对其他兴趣的需求也很大；受明星或者其他名人直播吸引的用户则受主播影响较大，会有强烈的爱好、兴趣需求与陪伴需求，整体上对知识需求很低。

4.1.3　独立平台渐成用户首选

直播用户比较关注的直播类型可分为五大类：秀场、泛娱乐、游戏、专业、版权。用户首次使用直播时，近半用户会选择泛娱乐类型，秀场、专业直播紧随其后，都有较为大的空间，其占比超过15%；在首次之后，用户会选择自己比较喜爱收看的直播类型，泛娱乐、游戏类型相比首次都会有所上涨，专业类的直播则明显出现下降。可见，即使现在直播平台存在很多不同，这些平台的优势内容仍会集中在泛娱乐、游戏题材上，而专业类的直播虽然能吸引一批用户加入直播，但由于其本身所存在的内容质量不足，用户最终还是会转移到其他方面的娱乐内容上。根据数据显示，2016年用户量超总用户量5%的APP共5个，而其余4家皆为独立运营的相关直播平台，其中斗鱼TV、YY直播具有一定的先发优势所以占据了大量的市场份额，也拥有更为庞大的游戏粉丝基础；花椒、映客则更多凭借明星直播、全民直播以及强大的社交属性，帮助平台自身快速积累较高的人气和用户规模。对功能的需求比较单一，或者对用户体验不是很在意的人来说，专精于直播的独立平台是用户的首选。身为“近亲”的在线视频网站与直播的用户群相似，互相转化的过程总体来说也会相对顺利，如爱奇艺旗下奇秀直播的火热就是其中的有力代表和证明，其所证明的就是视频网站直播也具有加入主流直播APP的潜力。

4.1.4 个人魅力发展为关注点

根据数据，约75%的直播用户会一直关注自己所喜欢的频道和主播，并且喜欢收藏。用户持续关注主播的原因中，个人因素是产生这种行为的关键因素，占据主要原因包括才艺出众、谈吐风趣、亲和力强、颜值高等，这些因素是主播发展成网红和KOL的重要条件，也是逐步吸引用户持续关注的关键所在。

目前整个互联网直播市场以互动形式为新竞争点。其中，直播初兴阶段秀场直播的互动方式就已经具备了简单留言和打赏功能，虽然最开始的互动手法比较单一，不过用户的情绪以及需求依然可以被有效地表现出来。随着整个移动互联网直播平台的发展，整个网络市场开始出现弹幕评论、人物设置、主播关注、直播分享、虚拟物品打赏直播交流互动功能，同时相关机构和企业还运用起连麦等新型互动技术。直播的互动还传递到了平台之外，网络直播用户会在社交网络中探讨和发表同直播相关的内容，这也丰富了社交网络的文化内容；当然调查还显示有接近一半的直播用户曾购买过主播推荐的商品，这对促进电子商务发展也产生了积极影响。

4.2 打赏能力与收入水平成正比

根据数据，39%的直播用户曾打赏过主播，其中月收入3000元以下的用户打赏集中在100元以下；月收入3001～5000元的用户打赏集中在500元以下；月收入5001～10000元的用户打赏集中于1000元以下；月收入超过10000元的用户打赏则集中于100～2000元，且出现小部分打赏超过5000元的高消费用户。未来随着用户收入的不断提升以及越来越多的高收入人群加入直播，其打赏金额必将整体上升。

4.3 观看体验对广告接受度明显增强

广告营销开始出现，可针对细分垂直人群营销。直播平台聚集了大量已分类好的用户流量，营销自然成为其最好的流量变现手段。由于现在大量营销方式充斥人们的生活，致使人们对广告十分敏感，约有 82% 的直播用户发现过直播平台中植入的广告，不仅仅对开屏、口播、固定位置的图片、动画广告感知明确，对直播中独有的弹幕及打赏礼物广告的敏感度也很高。2016 年直播用户广告感知情况调查了 2016 年不同类别广告直播用户感知度，在五类主要投放广告方式中，开屏广告和打赏礼物广告因为对观看直播的影响微乎其微，所以用户的接受度比较高；固定位置的图片、动画广告由于可以手动关闭或避开，所以用户的排斥性也不强；口播植入广告比较影响收看体验，但大多数主播采用软植入方式，提高了用户的可接受程度；评论及弹幕广告则是最影响直播收看效果和互动效果的，用户接受度最差。

根据数据显示，认同广告的直播用户占比 37.3%，排斥广告的用户占比 35.5%，认同广告的用户略多一些。排斥的原因主要分三类：广告干扰用户体验的各项原因占比均值为 31.1%，包括自动弹出、时间太长、无法关闭、阻碍内容连续性、减慢页面加载速度；反感广告内容的各项原因占比均值为 25.7%，包括内容存在虚假、内容不需要、影响寻找需要内容；广告安全问题占比 23.1%，主要为广告存在病毒。直播平台应针对广告内容、广告位置、播放形式等进行更好的创意与制作，在广告投放的同时不要影响用户收看直播的体验，如虚拟物品广告就是很好的方式。直播平台应针对主播风格以及题材内容，个性化选择广告内容，并审核广告内容以及技术上的安全性，做到最高效的垂直人群营销。

4.4　向年轻化发展，高收入高学历用户渐成主流

直播行业中男性用户为 65.3%，远超女性用户，其原因在于较早兴起的秀场与游戏直播对男性用户的吸引力远大于女性；25 ~ 30 岁为直播用户最密集的年龄段，同时 35 岁以下用户占比超过 75%，其原因在于直播从

PC 端向移动端发展，年轻人有更多接触直播的机会，随着未来直播技术的不断创新，其用户年轻化的趋势也将更加明显。

直播用户集中于东部沿海以及秀场发源地区，直播的发展依赖互联网普及程度以及当地经济能力，东部沿海地区的互联网普及率相对较高，对互联网新产品的接受度比较高，并且经济实力较强，在物质需求基本满足的情况下，其对精神的追求更大，更愿意付费购买直播内容，如北京、上海、浙江、江苏的 TGI 指数都远超 100。除经济发达地区外，以秀场表演闻名的辽宁、陕西也因秀场直播的出现拥有较高的 TGI 指数。山东、河北、河南人数基数大，直播用户规模还未饱和，仍有较大发展空间。

已婚人士开始成为用户主体，直播中单身群体只占 18.4%，已婚群体则高达 73.8%。根据数据显示，无论单身还是情侣，双子座与处女座皆处于对直播最热情的前三名。用户层次整体上升，高学历高收入人群成主流。根据数据显示，大学本科及以上学历占比达 75.1%，个人收入 5000 元以上占比 77.2%，个人收入 8000 元及以上占比 40.2%，企业管理员工占比 34%，超过了企业普通员工占比 28.9%。可见随着直播内容的质量、专业性提高，以及平台技术的不断完善，越来越多高学历、高收入人群加入直播大军当中。

第五节
做直播达人，直播与互联网连接一体

5.1 连为一体，融资扩大

根据2015—2016年中国网络直播平台部分融资情况看，自进入2015年特别是自2015年下半年以来，国内直播行业进入快速发展阶段，巨额资本加持直播行业，从YY、斗鱼，到红衣教主周鸿祎的花椒直播、国民老公王思聪的熊猫TV，再到百度、阿里巴巴、小米纷纷入局，国内资本市场似乎都在遵从一个共同的认知，宁可错投，不可错过。

直播行业可以说在近两年红遍大江南北，可见它的火爆。众多行业纷纷对直播产业布局，在资本驱动之下，国内直播平台如雨后春笋般遍地开花，人人皆网红的背后似乎蕴藏无限商机。据艾媒咨询数据显示，2015年中国在线直播平台数量接近200家，网络直播市场规模约90亿元，而到2017年，野蛮生长的趋势有所放缓，直播平台或已低于100家。自营直播平台的宋城演艺，2016年依靠“六间房”和“石榴直播”营收10.9亿元，业务占比41.23%，不过高收益的同时也意味着高投入，同期支出为5.45亿元。而同样迈出掘金步伐的华策影视，旗下直播平台“猫空直播”却因为“太烧钱”或面临被“剥离上市公司而单独融资”的命运。直播行业的资本布局者们正在遭遇或"海水"或"火焰"的冷暖自知。

布局 IP 已成为趋势，直播行业本身也希望能与其他行业发生化学反应，如"直播 + 电商""直播 + 综艺""直播 + 音乐"等，而之前直播与动漫一直没有找到好的结合点，直到虚拟 IP 能够登上直播平台之后，动漫与直播终于完美地融合在一起。"次元 + 动漫 + 直播 = ?"这将是一个全新的故事。直播平台在抓住动漫和次元用户的同时，还将从 ACG 消费中分得一杯羹。虚拟 IP 直播，对直播平台来说是一片蓝海，对拥有 IP 布局的内容机构来说同样是一个机会。据悉，在映客首次尝试 3D 虚拟直播的"唐唐"所属公司在 2014 年就已获得创新工场投资，在过去两年其 CEO 樊不凡瞄准 IP 产业布局，已孵化了包括 BIG 笑工坊在内的多个品牌 IP 并形成了 IP 孵化体系，尝试虚拟 IP 直播只是 IP 产业链的一个环节。

网红资源布局异常凸显，现在的网红，已不是通过微博、微信火起来的红人了，而是通过视频火起来的草根明星。也有评论称，这代表了网红已经进入 3.0 时代，即"视频直播网红"。其中，最具代表性的人物便是 papi 酱，最具代表性的网红阵营则是直播平台 YY 的金牌艺人们。papi 酱一则广告就能卖出 2200 万元，将网红经济再度引入人们的视野。其实，随着各路资本巨头涌进直播行业，直播行业最核心的资源之一——网红已俨然成为 2016 年的"抢手货"，有评论称，2016 年可以称为中国网红的元年，随着网红经济的兴起，一场直播抢人大战正在酝酿爆发。

5.2 互联网带动直播市场演变加剧

5.2.1 市场分化出现

网络直播在互联网发展的催生下快速走红，自 2015 年下半年以来，国内直播进入快速发展阶段，大量网民表示收看过娱乐、生活、电竞等不同类型的在线直播。尤其在过去的一年多时间里，网络直播的市场规模约为 90 亿元人民币，网络直播平台用户数量已经达 2 亿，大型直播平台每日高峰时段同时在线人数接近 400 万，同时进行直播的房间数量超过 3000 个。其中，2015 年中国线上直播平台数量不到 200 家，到了 2016 年国内直播平台数量已近 300 家。可见，直播平台间的竞争已经越发激烈。早期的网络直播平台有“9158”和“六间房”等，其中欢聚时代、“9158”两家已是上市公司，但在那时直播并没有受到广泛关注。直到 2014 年，斗鱼、虎牙等直播平台的出现，让网络直播业开始走进更多人的视野。据悉，被称为美国直播界鼻祖的 Meerkat 在 2016 年下半年正式宣布关闭，中国直播平台市场也将面临残酷的淘汰赛阶段。有专家指出，在经过一段时间的火热景象后，网络直播平台必将暴露出许多问题。直播行业随着爆发式增长的同时，也迎来了政策上的最严监管。2016 年，为了规范直播界的发展，相关部门发布实施了多项通知规定，对直播平台明确推出了“双实名”资质规定。对此，多家网络直播平台负责人回应，当前网络直播乱象频出，只有依法依规加强监管才能推动网络直播行业不断走向规范。随着竞争的日趋激烈，监管也逐步趋严。其中，《互联网直播服务管理规定》自 2016 年 12 月 1 日正式施行以来，在 YY、花椒、映客、斗鱼等主要网络直播平台中，查处 3 万多个违规主播账号，关闭直播间将近 9 万间，删除有害评论弹幕近 5000 万条。对此，中研普华研究员邱少梅曾经在接受《中国产经新闻》记者采访时表示，网络直播行业面临新一轮洗牌重组。业内人士分析认为，新政的实施，受影响最大的是中小直播平台，他们的压力不仅来自实名制的落实、平台资质的获取，也来自配备足够多的审核人员所带来的人力开支压力。在此背景下，不少中小型平台可能会选择退出。

知名 IT 评论员王易见在接受《中国产经新闻》记者采访时表示，经历了 2016 年的野蛮增长后，大量的直播平台涌现，而直播平台和网络主播之间，既是共生关系，又存在利益冲突，因此，如果直播平台存在资金不足、运营困难的情况，网络主播的收入必然会受到影响，部分平台关闭也是情理之中。新政其实是降低了平台的收入，导致网络主播收入下滑。近日，有报道称，某网络主播平台女主播因受到新政冲击，从月入3万元下滑到2017年1月的1.7万元。"网红"们在简易的入行标准背后，也在被迫接受"加班"和"收入缩水"的挑战。对此，互联网分析师于斌认为，主播收入下滑是一个可以预见的情况。除了新政对平台和主播有影响之外，还有行业竞争加剧的现象出现，平台竞争与主播竞争并存，再加上中小平台的运营成本、带宽成本和推广成本提升，商业模式方面又无创新，这使得众多中小平台倒闭或转型，更多的主播跻身到几个大平台中。长此以往，主播之间竞争加大，会导致收入越来越少。在这个人人皆主播的时代，很少有主播靠单打独斗成名的案例。越来越同质化的主播模式中，新入行者根本没有任何能力和知名主播竞争，没有经过平台签约和包装的主播，根本达不到月入过万的标准。目前在网上有许多大大小小的传媒娱乐公司招募主播的启示，一般工资是底薪加提成，并享受公司和平台额外的奖励。对要求的有效直播时长不等，1~2小时的居多，或者按月要求不小于60~80小时。面对竞争和压力，有些平台将要求逐渐提高，而主播也面临加时直播或调整直播时间的挑战。

5.2.2 市场内容趋向多元化

在当前互联网直播行业激烈的竞争中，"内容为王"变得更加重要，已成为广泛的共识。主播也会更注重自身内容和直播模式的特色化、差异化，直播内容的多元化现象逐步定形，也将愈加明显。目前，网络直播内容更为多元和多彩，闲聊、化妆、玩游戏、唱歌、跳舞甚至吃饭等内容，都能引起人们的关注。但部分主播通过低俗炒作出名、搔首弄姿等不符合三观的方式和浊流行为博取关注，最终只会败坏自己和行业的名声。这些现象使"主播"职业在整个社会上充满了争议，也一直被人戴着"有色眼镜"看待。对此，经济学家宋清辉表示，在互联网时代，网络直播的付出成本不高，甚至是入行标准零门槛，让无数网民都能够成为拥有大批粉丝的主播。但要想成名就必须带点"颜色"，甚至和"情色"画上等号，在金钱的驱动下，他们对社会道德和底线进行挑战，所以出现公序良俗的现象在所难免。

平台也需要不断创新发展，特别是要倾向引导经纪公司和主播，通过合作不断创新新的直播形式、制作直播内容，将直播发展当作长期性和长久性的 IP 资源。在这样的情况下才能搞清楚本质，直播企业更应将自己的平台打造成为学习的平台。

此外，对互联网直播平台而言，随着国家在这方面的监管和政策出台实施，以及直播行业激烈竞争的现象越发频繁，优胜劣汰原则更为明显，一大批中小型直播平台可能会逐渐被市场所淘汰。最终，能长久发展的平台才是具备实力并拥有优质内容的平台，只有足够多吸引大众的优质内容，才能吸引和留住更多的互联网直播用户。随着经济和社会的进步，直播行业的发展突飞猛进，未来的直播市场将不再是简单的同质化，而是会更加精细化，会有越来越多的企业加入互联网直播大军中，使各个领域都与直播搭上相应的桥梁。对此，很多业内人士表示，直播平台的产品形式是多元的，也可以提供丰富多元化的内容，直播平台让社会销售方式发生了变化，这也可以为企业盈利提供新的可能。

5.2.3 直播收入空间增多

多位业内人士表示，随着行业监管趋严，缺乏优质内容的平台或主播将很快被淘汰。只有以更低的成本抢占优质内容，并尽可能地发挥优质内容的吸引力，才能在竞争中立于不败之地。从市场的行业层面来讲，网络直播未来和互联网的未来相关，其发展会以洗牌和合规运营为主，部分靠打擦边球崛起的平台其实困难重重，难以为继。总之，直播的发展前景不错，但是需要市场和政府的不断规范和完善。尽管直播行业的“洗牌潮”不断，可是其生命力仍然旺盛，在巨大的市场规模下，直播仍处于总体向好的高速发展期，未来发展前景十分可观，如专家邱少梅认为，围绕直播的周边性产品、优质流量内容和用户运营的机会仍然存在，市场和从业者依然有可为空间。据中国信通院发布的最新《中国网络直播行业景气指数报告》预测，后期的直播可能会转型，未来的直播类型趋于垂直，如教育、财经、文化、电商等"直播 +"近期可能爆发。

网络直播以后会更加垂直、区域化和具有行业深度，如农业直播，会直播蔬菜从种下到成熟的过程，从而带动转化量；如代购的口红直播，会直接现场给粉丝们演示口红效果等。由于直播是互联网产品发展中不可或缺的一个环节，因此发展前景会比较好，每个行业和区域都有不同的地方，不会出现壁垒的存在，会出现百花齐放的生态。有业内人士分析道，VR、AR、全景直播技术的创新和发展，会对直播产生新的影响，发展的空间总体上将更大。其实，在 2017 年春节联欢晚会上，这个技术就已经得到运用，通过央视影音客户端既可以把 VR 技术融入其中并呈现全景直播，让屏幕前的观众们身临其境，也能够如同身在会场一般感受到晚会的气氛。直播技术未来肯定会越来越成熟，也会有很多关键性技术会成为标配，各行各业都可以把直播看作一种艺术或者作为一种表达方式。

本章总结：互联网的发展让资本、平台、主播、粉丝、经济模式都发生了深刻的变化。互联网带动了热钱资本的涌入。直播平台数量大幅增长，资本青睐异常明显；主播网红时代开启，群体效益和工作收益模式皆发生深刻改变；粉丝互动效益越来越真实，粉丝效益下的直播市场正愈演愈烈。

03 第三章
迈向——经济效益明显，互联网直播靠近大众

第一节

互联网经济模式出现

互联网直播经济的发展离不开互联网经济及其几大主要经济模式。分析这些模式可以更好地体会互联网直播所需要涉及的电子商务、移动支付、O2O、共享经济等几个问题。

1.1 互联网经济概念

互联网经济其实就是整个互联网的经济的总和，其对直播的影响也是如此。互联网经济在当今发展阶段主要包括很多方面的经济产业，如电子商务、互联网金融（ITFIN）以及其他互联网文化产业等。众所周知，知识经济必须要以网络电脑、卫星通信、光缆通信和数码技术等为标志的现代信息技术作为基本条件，这是经济信息全球化的结果。在知识经济条件下，互联网经济和实体经济相通，其运行主要表现为信息化和经济模式全球化两大趋势。这两种趋势往往与现实关系密切，其出现无不与信息技术和信息网络的发展密切相关。现代互联网网络信息技术的发展，大大地提高了人们的思想水平和认知能力，并增强了处理信息的能力和利用信息的效率，加快了现代经济和科技开发创新的步伐，加快了网络化的科技成果向现实直接性生产力转化的速度，从而使知识在互联网时代经济增长中的贡献程度空前提高。全球信息网络的出现和发展，进一步加快了网络信息在全球范围内的全面传递和扩散，使传统的国家、民族界限开始缩小，并变得日益模糊，使整个世界变成了一个小小的"地球村"，从而使各个国家的经济开始链接，世界经济发展从分散走向集体，从单一走向多元，呈现明显的全球化趋势。因此，知识经济和互联网经济关系密切，知识经济在实质上是一种以现代信息技术为核心的全球化网络经济。

互联网经济是网络时代整个经济活动的总和。在互联网经济时代，经济主体存在多个部门的分析，这些生产、销售、交换、分配、消费等经济活动都是现实世界一直存在的，不管什么部门和行业，经济生产活动都越来越多地依赖互联网和现代信息技术，不仅要从网络上获取大量有关本行业和部门的经济信息，依靠网络进行经济活动的全方位预测和决策，而且需要互联网支撑许多交易行为，甚至直接在信息网络上进行交换和消费。

1.2　电子商务经济

电子商务模式，是一种网络交易模式，就是指在网络环境中基于一定现代信息技术基础的盈利模式。研究和分析各个国家电子商务模式的分类体系，可以帮助我们更好地发现电子商务模式，为这种模式的不断发展、完善、创新提供途径，也有助于企业明确自身的电子商务实施步骤。电子商务模式有很多的模型和分类，其框架无外乎 B2B、B2C 和 C2C 几个类型，但就各模式还可以再次细分。特别是线上与线下相结合的电子商务（Online to Offline，O2O）。O2O 通过网购导购机，把互联网与地面店完美对接，实现互联网落地。让消费者在享受线上优惠价格的同时，又可享受线下贴心的服务。中国较早转型 O2O 并成熟运营的企业代表为家具网购市场领先的美乐乐，其 O2O 模式具体表现为线上家具网与线下体验馆的双平台运营。电子商务新模式是一种在线的移动电子商务，不仅提供相应的服务内容和电子购物环境，还提供一种更为全新的销售和信息发布渠道。从信息流向的角度看，移动电子商务提供的主体业务可分为以下三个不同的方面：（1）“推（Push）”业务：主要用于基本的商业或者非商业的公共信息发布。应用领域包括日常的时事新闻、天气预报、股票行情、市场行情、彩票中奖公布、交通路况信息等。（2）“拉（Pull）”业务：主要用于信息的个人定制接收。应用领域包括相应的服务账单、电话号码、日常的旅游信息、相关的航班信息、不同状况下的影院节目安排、列车时刻表、相关的行业产品信息等。（3）“交互式（Interactive）”业务：包括我们平时用到的一些电子购物、市场股票和证券交易、在线竞拍等。

1.3 移动支付经济

移动支付也称手机支付，就是允许用户使用其移动终端（通常是手机）对所消费的商品或服务进行账务支付的一种服务方式。移动支付对直播经济的影响是非常明显的，单位或个人通过相应的移动设备、互联网等直接或间接向银行金融机构发送有关电子货币支付指令，在这样的情况下就能发生资金转移行为，从而实现全流程的移动支付功能。移动支付可以有效地将整个终端设备、互联网技术、相关供应商和金融机构相结合，为用户提供更为方便和高效的货币支付、缴费等金融消费业务。移动支付通常被分为近场支付和远程支付两种。所谓近场支付，也就是直接性的扫描或者刷卡，基本用于日常生活；远程支付是指在一定安全环境下通过发送支付指令或者借助一些其他的支付工具，这些行为都属于完整的移动远程支付。当前，支付标准的不完善给人们造成了一定的影响，推广工作也存在一定的问题，移动支付标准的制定工作目前仍在进行，主要是基于国内第三方支付和银联支付的对比，2017 年全球移动支付的金额将突破1 万亿美元，从中我们可以看出其强大的市场潜力，而后期全球性的移动支付业务将呈现持续走强趋势。

中国拥有超过 10 亿部手机，也具备强大的消费市场和能力，同时线下的商家几乎都在使用这些移动支付链接，可以说整个移动支付的市场发展潜力巨大，相关的支付产业链也不断兴起，电信运营商、互联网企业、支付厂商、银行都开始布局这方面的业务，希望从中分一杯羹。在移动互联网时代任何东西都讲究以内容和应用为王，在手机 APP 应用日益丰富的情况下，整个支付功能也需要不断创新，除了传统的支付模式外，包括二维码、移动互联网转账、语音等都成了新的支付方式，此外购物、理财、生活服务等交易类应用也开始在移动支付软件上被运用，这彰显了相关线下实体企业对其的基本需求，但全球有关移动电子支付的国标还没有具体出台，使支付标准仍存变数。

而移动支付市场近年来的发展速度也没有辜负业界的厚望。研究机构数据显示，2011 年中国移动支付市场发展迅速，全年交易额规模达 742 亿元，同比增长 67.8%；移动支付用户数同比增长 26.4% 至 1.87 亿户。易观智库表示接下来的 3 年移动支付市场仍保持快速发展，2014 年交易规模达到 3850 亿元，用户数将达 3.87 亿户。随着移动支付行业竞争的不断加剧，大型移动支付企业并购整合与资本运作日趋频繁，国内优秀的移动支付企业越来越重视对行业市场的研究，特别是对世界移动支付产业发展的总体趋势、国外同类企业模式发展创新、国内企业发展环境和客户需求趋势变化的深入研究。正因为如此，一大批国内优秀的移动支付品牌迅速崛起，逐渐成为移动支付行业中的翘楚！移动支付无疑已经成为 2012 年智能手机的一大主流功能。2012 年电子钱包、Square 读卡器以及近场通信技术都成为智能手机的亮点。2012 年内移动支付已经发展到在实体商店中安装使用移动支付设备的层面，由此也涌现出一批以移动支付为主营业务并因此而名声大噪的企业。

1.4 共享经济

共享经济，通常指可以直接共享的一种平台和模式，也就是所有公共人都可以保留这些公共商业产品的消费购买权利，在需求端不断地为用户提供共享价值的基础上创造更优质体验。比如，共享 WiFi 的代表必虎 WiFi，共享出行的代表 UBER、滴滴打车；共享空间代表 Airbnb，共享资金价值代表 Prosper，从共享单车、共享汽车、房屋这些大件，到生活中的共享充电宝、共享雨伞、篮球、玩具、服装这些小件……共享经济正在不断地发展和创新，并推陈出新，以百变之姿影响人们的日常生活，这也是整个互联网直播所需要的技术。

第二节
互联网娱乐模式里的直播故事

2.1 “明星+视频”直播开娱乐互动先河

随着互联网的发展，互联网娱乐模式中逐渐有了直播的故事。直播放大了叠加品牌价值及宣传效果，从2015年开始，视频直播软件已在大众的娱乐生活中悄然走红，网络主播们通过手机摄像头，即时与粉丝聊天互动，让网友见识了移动直播的魅力。到了2016年，越来越多的明星也开始参与这场狂欢。2016年4月7日，女星刘涛入驻直播平台，为网友直播自己新剧《欢乐颂》发布会的现场实况。短短两小时的直播，传播效果惊人：最高同时在线人数超过17万，总收看人数71万。而在《跑男》第四季的开播发布会上，跑男的7位成员也通过腾讯直播与网友互动。在Angelababy不惧形象，大秀活人“表情包”的10分钟内，在线观看人数超过了33万人，全程总观看人数过百万人。在这些惊人的数字下，越来越多的营销方看到了直播平台与明星组合叠加的宣传效应。

2.2 粉丝与受众的娱乐需求

面对井喷式发展的网络直播，究竟什么样的人会花费大量的时间和精力关注视频直播？据百度知道大数据显示，有73.5%的男性更关注网络直播。究其原因，大多数人都是基于“直播间有美女”，高居看直播目的排行第一名。其次还有众多用户希望通过网络直播“看名人”，位居“看美女”之后。更为重要的一个原因，男性会把直播当成一种打发休闲时间的方式，其中，游戏直播占比较重，而收看直播的人群中男性也多于女性。关注直播人群年轻化，大学学历人群占主力。从百度知道数据来看，26～30岁的人群对直播更感兴趣，占数据的34.2%；21～25岁居第二位。年轻人更乐意接受像全民直播这样的新事物，从而带动大量的直播粉丝人群参与其中。此外，高中、大学学历的人群是关注直播的主力。大学学历占46.4%，其次是高中学历人群占33.8%。可见，关注直播的人群主要集聚在校园，学生成为关注网络直播的主要群体。这部分人群不仅是“看客”，还承担了“主播”的角色。学生时间相对充裕，对新事物的接受程度较高，且综合素质较高，成为很多直播平台努力签约和培养的对象，而好奇心、准入门槛低、没有地点和设备的限制、不错的收入等因素，也使一些大学生加入其中。

从“百度知道”数据来看，关注度最高的问题是“如何开设一个自己的直播间”，在百度知道上关注此类问题的人有837万（人次）。网络直播正在进入全民时代，每个人都有一颗想成为“网红”的心！“人人皆可做主播”的诱人口号吸引着更多的普通人。此外，大家还关心什么平台好玩，主播怎么赚钱等问题。

泛娱乐作为基于互联网与移动互联网的多领域共生，打造明星的一种直播模式的IP（Intellectual Property，知识产权），也促进粉丝经济的成长。其核心IP，可以是一个故事、一个角色或者其他任何大量用户喜爱的事物，这让直播更受大众粉丝的喜欢。

经过三年多的实践与培育，泛娱乐直播目前已基本构建出一个打通游戏、文学、动漫、影视、戏剧等多种文创业务领域的互动娱乐新生态，初步打造了"同一明星 IP、多种文化创意产品体验"的创新业态。2014 年"泛娱乐"一词被文化部、新闻出版广电总局等中央部委的行业报告收录并重点提及。随着小米、华谊、阿里数娱、百度文学、艺动、通耀、360 等企业纷纷将"泛娱乐"作为公司战略大力地推进，"泛娱乐"在 2015 年被业界公认为"互联网发展八大趋势之一"。2017 年 ChinaJoy 联合新华社瞭望智库发布《2017 泛娱乐战略报告》认为，"泛娱乐"已成为直播文化领域最受关注的商业模式之一。以斗鱼为例，它已从科技公司变成"科技 + 文化"公司，并陆续完成互联网与游戏、动漫、文学、影视、音乐等文化领域的直播布局。这种以"泛娱乐"为代表的互联网文化，是有中国特色、文化发展的一个新亮点。

第三节
“互联网+直播”的双向经济之路

3.1 互联网商业化下直播利润格局凸显

随着直播在2016年的不断成熟和成长，有关直播的故事越来越丰富，直播在不断创新的过程中走向了好时代，但是资本的寒冬却慢慢临近，特别是2017年对直播平台来说是最为关键的一年，主要表现在以下几个方面：

（1）竞争加剧，直播商业化逐步挑选和淘汰一批小平台。随着大众用户热情的褪去，直播商业化使观众不再有完全意义上的享受，很多失去了用户的小平台只能靠相应的资本去生存，尽管小直播平台的死亡不会影响行业大势，不过还是有从业者从中感受到了凛冽的寒风。

（2）直播行业自证潜力的一年。随着整个中国互联网的加速，直播和以前的视频、团购都不一样，投资者留给一些迟迟不能转型的平台的空间已经不多。在这个变化巨大的互联网时代，直播平台必须证明自身能够成长为行业龙头的潜力，不管是在相关的运营上还是在品牌优势上，其产业整合都在变化，所以2018年直播平台可能发生巨变。

（3）直播行业商业化的关键一年。2016年是直播平台成长元年，而

2017年则是商业化的元年。在原有秀场打赏和用户付费的基础上，通过固定的商业模式能否带来更多的盈利还是问题，盈利仍是判断直播平台前景的关键性因素之一。所以，目前市场上的直播平台都在加速商业化，并不断创新营收模式，比如淘宝在"双十一"期间以数千万的费用硬生生撬开了包括斗鱼、映客在内的多家直播平台的首次商业化合作。但是淘宝这样的瞬时用户覆盖模式其实是提升了整个合作的门槛，也让直播平台发展商业化模式的道路上遇到了很多"瓶颈"和问题，加上直播平台本身的特性，未来该如何发展还是未知数。

3.2 "直播+商业"化势头良好

互联网的发展使整个资本和交易都以互联网为基础，以互联网为媒介和依托的商业模式的出现降低了成本，逐步连接起各种商业渠道，激发了创新性和营利性。在全新的模式下，一些移动互联网商业模式和新型互联网商业模式正在转型。以映客直播为例，其就存在这样的问题。

上市公司宣亚国际要和映客进行资产重组的消息在业内流传许久，2017年6月20日宣亚发布重组公告，上市公司拟现金收购奉佑生、廖洁鸣、侯广凌、映客常青、映客远达和映客欢众共同持有的蜜莱坞共48.2478%股权。消息发出后，整个直播界和科技创投圈都密切关注这场有可能改变直播行业发展方向的重大事件。这一公告引发多方关注和猜测，今后的映客将由谁掌舵？映客和直播行业的未来，会因此被颠覆吗？

关于这一公告，有几点更值得思考。上市公司并购与风险投资最大差异是现金。作为移动直播的领头羊，映客一直是资本的宠儿，上线不久就获得了多轮融资。2015年7月，映客获得了相应的天使轮融资；同年也得到了赛富基金、金沙江创投、紫辉创投以及朱啸虎的投资。除了关注直播这个风口行业外，映客令人吃惊的用户规模增长速度也成了资本最看重的部分。长期霸占苹果 App Store 榜首，月度用户规模达3000万，同比

204.3%的增长率遥遥领先于其他平台。在知名独立数据统计机构 Questmobile 的统计中，无论是从用户规模还是用户构成来看，映客都稳居行业第一。

为此，资本对映客的追逐使其成为炙手可热的直播行业第一只“独角兽”。2016 年 9 月，昆仑万维转让映客 3% 股权给光信资本，总作价 2.1 亿元人民币，对应 100% 股权估值 70 亿元人民币。

映客甚至吸引来创业板上市公司宣亚国际宣布欲与之重组，消息曝光之后，分析文章层出不穷，却鲜有人提及这样一个常识性问题：在中国，上市公司进行并购重组，和普通 VC、PE 存在一个关键的区别，就是当期和预期两三年内的利润、现金流。

由于历史和定位原因，中国上市公司对盈利有苛刻的要求，上市公司连续亏损会面临强制退市的风险。因此，上市公司对资产并购重组，首要的一点就是必须保证上市公司财报的盈利。

宣亚国际目前的市值在 70 亿左右，和此前映客估值相当，而上市公司宣业的年度盈利在数千万量级，这也意味着，作为整合标的的映客，必须处于盈亏平衡或者盈利状态，否则上市公司要冒被 ST 的风险。而映客早在创业的第一年，就实现了盈利。根据昆仑万维的公告，2015 年映客总收入为 3048.36 万元，净利润为 167.28 万元。

此后虽未有更新的数据公布，但 2017 年 6 月，映客的投资人周亚辉在被问到映客现今的发展时表示，映客做得很好、很成功、盈利水平非常高。“映客的利润超过所有人的想象。”对周亚晖口中难以想象的利润，我们可以做一些简单的类比——按照中国相关规定，上市公司并购非国有资产，常常采用的作价评估方法，无非是收益法、市场法和成本法，其中收益法是最常用的方法。对像科技公司、智业服务业和创业公司这样的标的，通常都是轻资产，因此上市公司收购时，在企业资产评估外，往往设置了对未来数年的盈利或者现金流预期，来进行估值。参照此前另一家中国公关类上市公司蓝标的例子，2013 年蓝标收购博杰广告 100% 股权，约定博杰广告 2013 年、2014 年、2015 年、2016 年经审计归属于母公司股东的，扣除非经常性损益后的净利润分别不低于 2.07 亿元、2.38 亿元、2.73 亿元、2.87 亿元。加上并购时对博杰广告的无形资产估价，构成了 17.802 亿元的收购价格。

与博杰广告不同，映客拥有数千万用户，其现有资产和无形资产也许会数倍于前者，但尽管如此，也无法单独支撑起独角兽级别的估值。即使根据成本法进行调整，也就是将其视为一笔战略资产，将自建这笔资产的投入成本因素考虑进去，以映客的高额估值，这笔交易恐怕仍然包含了高昂的盈利预期。据悉，"宣亚+映客"的联合体保守估值超过 150 亿元，按照目前创业板平均 35 倍的市盈率计算，整体年盈利应该在数亿的级别。

本次合作释放着不可小觑的信号，投资机构或将反常坚守面对如此大的盈利压力，不禁联想到周亚辉透露的"映客的盈利能力超过所有人的想象"。事实上，从公告来看，这些投资人不仅仅是"说说而已"，而是用脚投票。宣亚国际这次公告的股权收购，全部来自创始团队和持股公司，本轮公告的股权比例已经超过 48%，距离此前公告的超 50%，仅有一两个百分点的差距，迄今却仍然没有任何一家机构投资者大幅估清股份。要知道，按照惯例，这些机构投资者是拥有优先退出权的。

可以推测，市面上许多关于直播"下滑期"卖身的猜测或许完全走错了方向。至少，这种猜测完全无法解释机构投资者坚守映客的逻辑。作为映客的投资方，紫辉创投创始合伙人郑刚表示，这次映客创始人团队转让股权正是说明映客已经在直播行业里率先走出了一条清晰且成功的发展路径，直播产品被数千万用户津津乐道且高重复率使用，短短两年内映客商业模式得到了验证和认可，其未来发展空间巨大。作为投资机构，这种优质而又步入正轨发展的公司，非常值得长期坚守。不只是紫辉投资，对宣亚和映客的整合，投资机构多数表示乐观，并表示两者的整合不仅有利于弥补各自的发展短板，且将实现资源互补。

后映客时代的直播是利润为王。从进展来看，映客和宣亚国际的整合可能“意想不到的顺利”，这也意味映客不仅是一笔战略级的资产，同时还可能是一个优质的财务项目。毕竟，不同于其他许多还在“摸着石头过河”的创业项目，直播从一诞生起，就有巨大的盈利空间。在美股徜徉多年的陌陌，在推出直播之后，走出了300%的营收增长曲线，震惊华尔街，而这大半要归功于直播业务的吸金能力。而作为直播开创者的映客，其想象空间可能更大。换个角度来看，映客的市场第一和用户规模比同类竞争对手含金量更扎实。毕竟与那些靠其他流量平台输血的直播平台相比，映客是单单依靠直播自身的吸引力，留下了如此庞大的用户群体，此外映客也坚持不签约的模式，尽可能让更多等人拥有直播机会，映客对产品的打磨、对社区的运营、对团队战斗力的考验也比其他竞争者更为严苛，真金不怕火炼，这未尝不是映客的“后福”！

自媒体时代庞大的用户量和高用户黏度为映客打下了坚实的基础，作为直播的先行者，映客的“直播 +”概念也正在引领行业的变革，在结合宣亚国际的企业客户资源和营销经验之后，“直播 +”的未来将不仅仅局限于目前的领域。作为直播商业化领域的风向标，映客的前景愈加清晰，商业模式的创新力也令人称奇，不难想象此次的商业化变革，将把直播行业带入下一个阶段的竞争。

3.3 平台利润模式案例分析

一是陌陌。以在线直播的模式为例，陌陌在这方面进行了不错的尝试，目前其付费用户已达260万。根据相关的分析看，陌陌在陌生人社交中植入直播功能，确实非常有效，这也充分展示了平台的生机和活力。同时，陌陌上的流量也是一大优势，为了解决内容层面不足的问题，陌陌增加了陌生人社交的趣味性、成功可能性，通过这些引导用户更好的娱乐互动。

二是奇瑞直播。平台营销效果拔群，其有效地通过营销和直播的方式让品牌在观众心中留下了深刻的印象，成功打造一场"直播+电商"的品牌营销。其实"电商+直播"确实能极大地弥补电商平台营销的相关问题，并逐步引导大家开始认识营销中的一些问题，传统的营销通常不能给用户提供更为充分的品牌，所以这就要我们的企业具有良好的市场认知能力，尽管直播撞车并不能起到直接促进交易的作用，但是可以起积极作用，全面发力内容资源，给大家提供更多的服务。

三是全民直播。全民直播作为比较强大的平台，具备一定的实力，其目前宣布完成5亿元人民币A轮融资，而后将全面发力直播内容，打造整个内容供应链。全民直播于2015年底上线，整个模式和游戏有着很大的关系，直播内容主要以电竞为主。由于其定位十分明确和清晰，加上自身的资源雄厚，所以短短一年便成为整个直播行业的黑马之一。艾媒咨询分析师认为，全民直播发展迅猛和其重视内容资源以及用户有很大的关系，紧跟用户需求，拓展多元的模式，对包括秀场、赛事、户外、综艺等直播场景进行深化以提升其在这方面的实力，总体来说平台一方面不遗余力打造原创IP，同时也致力于购买IP以便得到更为优质的直播栏目和内容。

3.3.1 模式分析

在线直播行业的发展历史很长，其在业界也有很大的影响力，整个直播模式就是一个不断演进和变化的过程，从最开始的PC端到如今的移动端，直播模式从"颜值"经济逐步演化为"颜值+内容"经济，从单纯的资本游戏变化为用户需求第一的模式，所以直播平台必须在内容和模式上不断创新，挖掘用户潜力。

处于上游角色的是以整个主播为主的资源和内容提供商，但这些都有相应的版权，所以对处于下游的角色而言，就是要购买用户流量，并将流量转化为内容，传达给直接受众端的用户。艾媒咨询分析师就认为，直播平台的盈利来源其实就是商家和用户，用户是付费和打赏，而商家则是广告费。对平台来说，其内容提供商的水平是直接影响平台是否具有吸引力的关键，但目前直播的内容提供商整体较为单一，以私人主播、娱乐主播为主，这个产业关系图必须进一步完善，不然很难有新的突破。业内专家认为在线直播行业的商业模式其实和早期的视频网站行业相似，但存在成本结构以及盈利来源的本质差异。从成本结构上来看，在线直播行业往往需要提供更为单一和主动的内容，并需要注重实时互动能力，但是视频网站往往是全网的资源整合，为此，直播平台带宽成本会居高不下。

此外从盈利来源上来看，视频网站靠用户浏量和付费，直播行业拥有用户“打赏”这一特色盈利来源，这与直播过程中主播的沟通能力有很大的关系，由于主播特别是优质主播往往是整个行业争夺的对象，如何培养主播，并给他们提供更为优质的内容是我们需要思考的。

3.3.2 利润和资本角逐

在线直播受资本市场青睐，注资迅猛。2016 年，在线直播行业发展迅猛，用户人数不断攀升，用户观看直播的习惯基本养成，观看频率频繁、付费意愿较强，但直播行业迟迟未出现“一统江山”的领头企业，行业格局存在较大变数，各细分领域仍有较大的市场机会。风口规模初具，因而备受资本市场青睐，巨头纷纷入场。典型直播平台融资情况汇集总体而言，除占尽先发优势的 YY 早已上市外，目前在线直播创业公司大多处于发展初期，多数平台处于 A 轮融资阶段，B、C 轮融资平台比例较少，如 2016 年 8 月斗鱼完成腾讯领投的 15 亿 C 轮融资，成为第一家获得 C 轮融资的直播平台。另外许多直播平台被上市企业并购，如龙珠直播业务在 11 月 15 日已被苏宁旗下聚力传媒（PPTV）收购。随着在线直播的曝光率持续走高，资本源源不断聚集直播行业，直播市场的版权资源、主播、用户的抢夺大战仍将持续较长一段时间。

第四节
“小直播，大娱乐”的互联网主播收益状况

4.1 网红经济风华正茂

拥有逾7.5亿网民的中国网络空间，正在经历一场网络直播软件爆发带来的大规模革命。无数企业开发出了类似“潜望镜”视频直播网站或脸书直播的服务。主播们在这里主要进行大胆的实时展示。目前我国有约300个直播平台，用户近2.5亿。约600万人的日常生活在这些平台上实时展示，从孩子做作业到老人打麻将，从军人训练到“吃货”做饭和吃饭应有尽有。毫无疑问，直播已经成为一门非常有利可图的行当。

根据相关机构公布的数据，2016年中国“网红经济”总额达528亿元人民币。易观国际预测，2018年这一数字或将达1000亿元人民币。有的“网红”收入甚至比一些大牌电影明星还要高，“网红”的工作看上去并不太难。很多“网红”在直播中只是聊聊自己的生活，再打打广告。他们的收入主要来自三个渠道：自营商品的利润、为其他品牌做广告的收益以及“粉丝”馈赠的可以换成真金白银的“虚拟礼物”。

“网红”小美展示了她的直播生活。这个出生在山西、目前居住在上海的女孩通过在斗鱼、YY直播和美拍等平台的直播每月收入在2.5万元

人民币（约合3300欧元）左右，这是上海平均月工资的数倍。而小美对这个数字并不满意，她的目标是月收入能达1万欧元。“我从1年半前开始从事这个行业，当时我的一些小姐妹已经尝试过，她们告诉我这行来钱快。就这样，我开始了做美妆直播。”小美告诉媒体。不过，也并不是所有“网红”都能获得成功，业内的竞争非常激烈，而为了进入这个圈子需要花费的投入也越来越高。另一位不愿透露姓名的“网红”美玲对记者说：“这行中有很多黑幕。最起码的是‘买粉’，也就是所谓‘僵尸粉’。此外，如果签约经纪公司，很可能会被要求去做整形手术来使自己变得更有吸引力。”据报道，有10%的“网红”承认自己的脸做过“微调”，从而能以更好的形象在网络上示人。“我认识有在整形手术中花费超过10万元的人。变得更性感对吸引粉丝，尤其是男粉丝至关重要。”美玲说。“网红”经济的蓬勃发展甚至催生了一些专门打造网络空间明星的公司。“从业务量上来看，一些网络明星甚至已经超过了传统明星。”网红孵化器Tophot创始人陈誉瑾在接受英国广播公司采访时表示。“我们是一个致力于帮助我们认为有潜力的普通人，尤其是年轻女性成名。我们帮他们打造一个公共形象，并为他们提供相关课程。然后我们再帮他们进入直播、推广和电商行业。”她表示。

案例表明，互联网网络直播时代能极大地唤醒互联网经济，网红经济随着互联网的发展逐步市场化。

4.2　直播经济也会跟着互联网转变

从马云的“新消费”到吴晓波的“圈层经济”，经济走势成为热议的话题。马云就总劝大家整体经济好和你没关系，整体经济不好和你也没有关系，这是从微观角度来看这个问题。从宏观角度来看，中国经济进入增长新常态步入“L”型，“中国经济新常态”对创业而言，只有正确了解行业所处的真实状态，才能正确地规划自己的未来发展战略。从马云的“新零售新消费"到吴晓波的"圈层经济"都可以看到这样一个共识——我们未来需要针对中产阶级去研究个性化、精细化、社群化的消费。2016年"网红元年"火得一塌糊涂，下半年投资预冷使很多网红项目投资案例锐减，年底还出现了第一个网红投资撤股，"互联网技术荡平了传统社会的成名壁垒。"光明日报2015年5月张倩的一篇重要文章《看待网红经济"兴起"》里这样说道。

"被打散重来"的网红供应链正式迎来生产方式变革的开始。在移动互联网影响下，零售商业的核心会发生3次转变，伴随商业核心的转变，生产也发生了三次变革。于是卖产品被明显划分出三个时期：线下零售、线上电商再到社交电商。目前，我们处在中产阶级消费崛起时代中，商业闭环完成核心依赖粉丝经济、网红经济以及最终的社群圈层，与此同时与之匹配的生产方式"被打散重来"。

网红自媒体运营是一门快速赚钱的手艺。蓝瘦香菇、蛇精脸、直播捅马蜂窝、叶良辰等现象级网红事件可以瞬间火爆网络，致使很多人挤破头要当网红。但是这些现象级事件根本没有可复制性，再来一遍也不会有相同的效果，这些事件除了其背后的网络传播规律之外根本没有什么好学习的，都是偶然。直到papi酱的出现才打破了这个伪命题——靠内容当网红！用内容换取流量，用流量换取粉丝，用粉丝换取影响力，用影响力换取变现。这至少逻辑上就通了。个人做内容那不就是自媒体嘛，只不过更加侧重突出人物，通过自媒体把自己捧红就是网红，也有同行给取了个更容易理解的名字叫"自明星"，所以通过做自媒体成为自明星就是网红。网红自媒体运营也是一门快速赚钱的手艺。

直播、网红在整个营销过程中不再只是噱头。一线城市大型商超开业营销，定的主题是通过网红直播的新媒体营销，结果在时间操作层面还是O2O推广的思路，请一群漂亮姑娘去现场直播作为这个营销活动中负责创意吸引眼球的部分。不可否认这个创意部分至少可以解决易传播的作用，但是无法切中活动持久带来消费客源的终极营销目的。而在未来随着“直播+购物车”，网红粉丝影响力精准转化等深度营销经验的释放，直播、网红营销将逐步走向实实在在的效果，撑起网红经济时代重任。

只会聊天的主播很难成为网红或成为IP。很多人以为注册个直播平台，加入个有一搭没一搭的主播公会就是网红了，美女在直播平台聊聊天有无聊的人给打赏就是网红了，那真是对网红巨大威力的亵渎。万万没想到是IP，本本熊是IP，罗胖是IP，迪士尼米老鼠是IP……主播和这些IP的区别在哪里？是不是网红要看有没有影响力，是不是IP要看有没有横向跨界撬动新商业价值的实力。聊天主播网红化，网红在某领域权威化，权威网红IP化，这是一条神圣的道路。

内容型行业网红正式登场，这才是网红经济第一主力军团。只靠颜值的中国式网红，推不动网红经济这部时代列车。人人都可以开自媒体，人人都可以直播，都说这是个人崛起的时代，我看未必。一件过季老款羽绒服在线下商城不好卖，你去电商平台卖，去直播平台卖一样不好卖；一个无趣苍白的人让他去电视台说，去杂志说，去网络自媒体说，直播平台说一样没有粉丝。内容是王道，内容型网红有自己的专业，有自己的可持续输出的观点才会有影响力，也更容易和各个细分行业资源相互融合开启网红经济大门。

4.3　分成里面的小秘密

互联网经济的发展让网络经济时代的分成趋势更为明显，也成为网红收入的一个主要来源，是主播和平台的重要渠道和途径。YY、“9158”模式有公会环节的存在，主播、公会和平台的分成比例大致为30%、10%和60%；而六间房没有工会环节，不过其主播与平台分成基本为40%、60%；同时后来兴起的各类直播APP在收入方面也基本确定为“底薪+分成”的模式，主播的分成比例也稳定在30%~40%。

其实游戏直播平台的产业链包括很多方面，不管是从主播、平台还是游戏运营商来看，游戏直播与其他直播秀场的区别在于，上游游戏厂商的相关游戏赛事资源、玩家规模以及福利活动会对游戏直播平台产生重要的作用和影响，这导致电竞主播成为整个行业内的抢手资源，合作方式基本是巨额底薪加很不错的分成模式。

事实上，资本和内容资源被认为是直播行业十分关键的筹码。要实现真正意义上的创新还是具有难度和挑战的，创新真的很难，大家拼的就是钱和资源。比如，映客便拉来女星刘涛，腾讯直播则与其他明星进行相关合作，响巢看看也耗资更多的钱打造相关的明星空间，所以整个游戏的钱基本是砸钱砸出来的。

4.4 经纪公司推波助澜

越来越多的主播在不断吸金的同时开始尝试转型，但主播本身具有的资源和能力有限，一些经纪公司、公会、经纪人等会想尽一切办法往网红方向走热并趁这个势头大赚一笔，所以策划、营销、经营成了一个完整的产业链。

经纪公司其实是让主播和平台相互连接起来的最佳渠道，这几年直播行业之所以这么火和正规的经纪公司是分不开的。网络主播如果有相关的需求会向经纪公司提出申请并签订相关的主播签约，签约后经纪公司会根据每个主播的外形和声音特点向不同的直播平台进行推荐。

比如，中樱桃每年会招募很多草根直播，并对这些人进行梯队式的严格训练以及培训。这些训练内容包括声乐、舞蹈、形体、表演等多个方面，而网络主播在经历了高压训练后，会逐步地通过考核并成为练习生，在达到相关的要求条件后才能正式签约加入中樱桃。

当然一些比较小的经纪公司则没有那么多的考核和要求，他们会直接带人到所合作的直播平台去开直播间。小公司往往会通过提升体量的方式来盈利，这些人会在相关艺术类培训学校进行招生，并让一些兼职主播开始充当相关的重要角色，经纪公司就能从直播平台获得一定的奖励。

4.5　主播收入两极分化

在电竞圈里面，收入往往是两极分化的。目前整个直播行业内主播的收入主要由三个部分组成：第一是和直播平台直接签约；第二是自己依靠粉丝打赏；第三则是开辟副业。

直播行业的收入并非来得那么容易，在很多人的眼里，好像做直播的人都是高收入者，其实并非如此。

第五节
互联网让平台走进了商业困境

5.1 资源掌控权减少

直播和微博其实是两个十分像的产品。两者虽然不是完全相同，但是在资源方面却有相近的地方。新浪微博的核心就是一种自媒体号，这种号可以生产制造以及传播内容；直播同样如此，直播的核心就是提供内容的主播，但是相比微博对平台账号的掌握，直播平台对主播的掌控力并不是特别强，对直播平台来说除了自己的主播签约机制，其他的主播和自己往往没有特别强大的链接关系。

直播平台的核心商业化过程其实既不是靠资本，也不是靠自己的运营模式，而是依赖这些主播，主播是直播平台的核心，因为平台的绝大部分内容都是主播的效果和品牌转化所带来的。此外用户在直播平台的目的也很直接，就是要看直播的内容和主播的内容。如果直播平台和主播相互对立，那么平台则会失去用户基础，故而直播平台的一个重要任务就是带领整个团队管理好直播的主体也就是主播。

新浪微博其实一直实行隐藏博主的一种路线方针，微博上要想上热点则可以通过购买的方式来转化和引流，在重要的热点营销事件上可以通过品牌的投放来达到商业目的，但微博的图文监管机制整体上来说比视频要简单太多，直播一般只能依靠主播的人气来增加自己的收入，流量所带来的投资和广告是成为直播商业化的重中之重。当然，如果看财报和市值，新浪微博的商业化就已经比较成熟，可是两者之间的模式还存在一些差别，有的能对内容进行管控，有的则不能完全做到。

在商业化高潮的2012—2013年，互联网和自媒体还没有达到完全意义上的成熟，新浪微博远远领先其他微博，这个时代微博占据了很多的市场和领域。现在的直播是一种典型的商业模式，这里有相应的百团大战，也有强大的内容支撑，和微博时代面临的问题完全不同。

5.2 数据之殇明显

直播平台的一些问题和乱象在2016年开始出现，有的平台的数据显示在线观看人数多达上亿，这显然是不可能的，根据现有一些行业数据造假的实际情况和惯例，网上已经有人计算公式，并总结了规律。某大移动直播平台一万人的直播数据，在其宣称的在线人数中其实只有上百人在线，而直播的DAU和MAU数据主要来自于平台自爆。任何有关的第三方数据都需要我们仔细思考，有的时候第三方数据并不一定是完全真实和有意义的，其确实存在你方唱罢我登场的实际情况，我们除了通过实际数据对排名进行参考以外，很难通过平台自己公布的数据预测其实力和排名。在一些互联网直播平台商业化和转型的进程中，为数不多的平台敢于开放第三方数据来进行相关的效益和流量监测，但是整个监测是否真实，是否存在利益交换就很难说了。对一个比较成熟的品牌来说，其自然愿意和相关的机构合作，并乐于向第三方开放真实的数据，这对成熟的平台来说是商业化快速发展和成功的根本。在目前的整个互联网营销世界，连真实数据都难以存在的平台自然难以赢得大家的信赖。

5.3 误入歧途的直播消费模式愈演愈烈

"电商+直播"成为一种实时互动和可体验性比较强大的模式，品牌明星直播的PR数据往往让直播消费走得越来越远，卖货好像成为平台愿意做的事。

吴尊60分钟的淘宝直播，为惠氏奶粉带来120万元的交易额，大张伟和薛之谦在天猫直播1小时卖出的奥利奥比平时翻了6倍，超级粉丝的购买力是很强的，如果将其和明星效应结合在一起，就会拥有强大的品牌效应，也会刺激消费的增长和平台的收入。

在一些具体的案例中，明星、品牌、营销缺一不可，这样的模式对其他方面的平台来说难以复制，包括斗鱼等直播平台在内的平台都没有完全意义上的流量。整个明星的出场费、相应的市场推广费、品牌产品打折成本都是需要砸钱的，电视购物和一般的情况还不同，现在大多数的直播平台对直播内容的商业化转型才刚刚开始，其中一个主要的方向就是电视购物。直播电视购物将"内容+电商"直接演变为"直播+购物"，这种模式的诞生讲究一定的原则和方针，也要注重一些实际问题，直播购物是相当关键和重要的，在实际的生活中我们可以发现越来越多的直播平台在这方面做出了努力和尝试，并为大家提供了很好的示范。

不管是淘宝、京东主播纯粹的电视购物还是互联网网络直播平台的直播卖货，其实都有相同的运用模式和原理，都是想通过流量和相关的人物来引起大家的关注，并在此基础上进行购买消费。这无疑是商家想要的结果，因为这样可以有效地提升平台的商业价值，也为一些商家打开了销路。但是直播电视购物的不同在于其难以和正常模式一样，具备相当大的影响力，因为其存在是有条件的，也是有要求的，如果不能真实的存在，就必然会出现一些问题。

前有淘宝、京东主播纯粹的电视购物和主播卖货模式，后有苏宁易购、聚美优品内嵌的化妆品售卖。映客上的个人主播也开始做美妆类电视购物，映客 CEO 奉佑生在第三届网易未来科技峰会上表示："我们和电视购物的台湾一姐（MOMO 购物台孙嘉禾）一直在做一个尝试，看是否能把电视台购物的模式和现在的直播做一个结合，这里面机会非常大。"斗鱼 3 月已经打造了首档直播购物《鱼乐购购购》。不只是直播平台这么认为，很多企业为了效果产出也在做这方面的尝试。

直播和电视购物有最为本质的区别，导致"直播 + 电商"的转化模式不可能像电视购物一样获得直观的效果。

（1）受众群体差异。

电视所针对的人群广，电视购物的目标人群一般不是年轻人而是老年人，他们预订货物或者可选择的渠道往往相对较小，电子商务或者淘宝、京东都不一定会用，而直播用户拥有极为巨大的平台选择渠道和机会。

（2）时间观看的差异。

一般来说，老年人群体的时间较多，电视购物本质是在娱乐的情况下销售产品，和年轻人追网剧并受到广告的影响是一样的，预购只是内容或者产品的副产品，很难想象传统的电视购物模式变得和网络直播模式一样能吸引整个社会的年轻人的参与和关注。通常年轻人对整个内容的需求程度高于很多老年人，他们的选择面也比较广，综艺、短视频、电视、社交其实都可以影响其购买行为，直播电视购物想要抓取用户的体验和注意力还存在着困难，这就是大平台通过明星来抓取粉丝和消费者注意力的原因。这和其专业性也有密切的关系。

（3）节目模式的不同。

电视购物和整个直播的模式是不一样的。总体上来说，电视是一种比较固化的形势，其存在的价值已经不大，即使目前的电视购物和网络直播正在不断结合并且已经形成一套体系，但在节目上仍旧很难突破。当然，直播平台目前整个路线还处在摸索当中，主播可能摸索出更加具有意义的销售和内容制作模式。

"直播+电商"到底有没有巨大的市场和广阔的前景目前仍难以确定，但相对而言前景不会太差，毕竟直播的方式更加有效，虽然单纯意义上的直播卖东西还不是一个成熟的体系，但内容性网络直播对品牌价值的推广无疑更具有好处，也远远高于电视直播购物。至少在当下将商业化中心过多地放到传统的电视购物上，已经在很大程度上不利于产品推广，也会导致用户流失。

（4）品牌效果问题更为突出。

在产品推广的过程中，品牌和效果转化相当关键，而很多平台对这两点没有深刻理解。互联网直播作为一个全新的媒体平台，品牌的价值更多是一种协助传播，产品自身要做得好才会具有知名度，平台只是众多传播中的一种，品牌传播的平台通常可以带来流量，但由于互联网迭代的加快，直播平台的数据不会完全对外开放，故而这种"直播+品牌"的合作可能会产生不同的效益。有优势的互联网直播平台一方面担心直播间广告影响用户体验；另一方面又不愿意放弃其商业模式，毕竟在商业模式横行的条件下直播平台必须重视广告，可喜的是用户对广告模式已经开始认可，并不会有极端的负面反馈，这对直播平台进行产品营销还是有利的。

对直播平台来说，既要做营销又要留住用户，在给企业做品牌推广的同时还要给用户提供精彩的内容和价值，如果没有精彩的内容，就会影响直播平台的现有运营及商业化策略，不仅企业的品牌和效果难以达成，直播平台的商业化道路也走不远。

虽然直播行业最开始脱胎于秀场，但整个直播市场的环境已经发生改变，如果还是一直靠外部资本输血，那整个行业都很难以持续成长。

（5）秀场模式弱化。

直播平台最为可持续的模式是什么？毋庸置疑就是用户打赏。秀场模式的"9158"在2016年第三季度净利润为13816.80万元，YY在2016年净利润为15.239亿元，净营收为82.041亿元，秀场模式的现金流何其充裕，在荷尔蒙影响下的打赏支撑起了秀场产业链。但秀场模式一方面涉及低俗色情被国家打压；另一方面很难登上大雅之堂获得资本的青睐，没有资本青睐当然就不可能在2016年获得30多亿元的风投，更不可能在直播大战中获得活下来的机会。这就面临一个问题，为了营收就需要纵容或者默认秀场模式，而为了商业化和VC青睐，就必须要将直播引向内容，让直播变成真正的内容性聚合平台。

直播行业脱胎于秀场，但直播市场的大多数参与者都处在赔本赚吆喝的发展阶段，不得不依赖资本输血。据不完全统计，在国内300多家直播平台中，已经有数十家死亡，除了最知名的估值5亿元的光圈直播，还有爱闹直播、猫耳直播、微播、网聚直播、趣直播等数十家直播平台悄无声息地死去。

本章总结：互联网和经济本是相互关联的，互联网催生了多种经济模式，不同的经济模式为互联网直播的发展打下了基础，而在网络直播时代，互联网直播平台的主播收入、平台收益模式、行业商业模式也随着互联网经济的改变而变化，主播和粉丝的关系也出现趋向化变革。

04 第四章

成长——互联网与直播模式多元化征程

第一节
从技术到“互联网+生活”的蜕变

直播行业技术特点是延迟通信优化。在做首屏秒开优化的时候，会预加载关键帧，但这个预加载会造成一定的延时，这时需要用算法进行决策加速、正常还是放慢播放，自动追帧丢帧，让主播和观众之间的时间差尽量小。

直播行业技术优势是基础网络服务优化。基础网络服务优化（物理层、数据链路层、网络层）主要包括多数据中心搭建（在国内要覆盖主要网络运营商的节点，因为各运营商间的互联效果不好）、边缘节点覆盖、自建节点路由调度优化策略、最后一公里问题，要做到的目标是临近终端就近处理与分发。例如，Agora. io 的基础网络服务部署使得全球平均端到端延迟为 76ms，Twitch. tv 就是因为在基础网络服务上做了很大的优化，最终被 Amazon 收入囊中。

直播行业技术要素是大小流切换。该概念很明确，就是能够根据访问端情况，如带宽估计结果、机型性能等做出切流的动作，但需要做平滑切换的优化，即切换时不能断流。不同协议处理会有所不同，但一般方式为在做切换动作时，后台请求要打开的目标流，等待流在显示端缓冲区 ready，播放目标流然后关闭老流。

直播行业技术关键是丢包对抗。此概念对直播的最终效果至关重要，具体指在自身服务能满足的丢包率或2倍丢包率上做最终效果测试，来验证自己服务协议和质量的效果，必须能够抵抗住该丢包率才能够算是比较成功的服务协议（无雪花、无绿屏、无卡顿等），因此丢包对抗也是对自有协议最基础、最严苛和最终的挑战。

直播行业技术框架是直播互动技术，如淘宝直播的互动包括留言、礼物、红包、商品橱窗等。这些互动都是基于Weex开发而来。从业务的类型而言，淘宝直播是一个很典型的淘系业务。在构建整个逻辑体系的时候，采用Weex经过了多方面的考虑，因为初始团队比较小，很难同时兼顾多平台的开发，工期又短，要求开发效率要高，使用Weex能达成覆盖多平台的目的，并且能满足团队在功能和性能上的需求。

直播行业技术支撑是ROI优化。ROI是指Region Of Interest，根据视频画面不同区域的重要程度分配相应的码率，基于人脸识别，需要实时的对视频流进行处理。其实现在业界直播有一些美颜、实时装饰技术，原理上都差不多，只是ROI技术优化的目的在于优化码率。

第二节
群雄并立，短视频直播企业疆土逐渐被岁月开拓

经过一段时间发展，短视频直播已成为炙手可热的行业，参与者越来越多。除了单纯的短视频业务平台，网易云音乐、陌陌等也都在自家APP中添加了短视频功能。无疑，短视频已站在风口上。巨大的市场需求和参与热情背后，短视频的发展却开始陷入“百团大战”的漩涡，与直播的发展轨迹越来越接近。烧钱补贴、互相挖角等问题无一幸免。而目前最令人担忧的是，短视频平台间的同质化趋势正在显现，行业或将步直播后尘。由于短视频行业在2017年爆火，短视频的用户数量和使用黏性都获得一定的增长。根据易观千帆的监测数据显示，国内短视频综合平台用户人均单日启动次数和人均单日使用时长均呈现上升趋势；而短视频聚合平台的人均启动次数和使用时长也有平稳增长。

可以看出，短视频市场正在走向成熟，用户黏性也在增加，这使短视频平台能够给用户提供什么样的内容变得越来越重要。随着行业发展、平台以及内容提供者的增多，优质的内容反而逐渐成为稀缺资源。短视频行业若想实现可持续发展，内容本身的价值不容忽视。行业成熟后，短视频用户口味将更挑剔，更注重短视频内容质量。易观短视频分析师马世聪认为，平台应打造优质内容生态包括生产内容、分发方式、培养用户互动等

方面。一些短视频平台开始尝试做差异化，一种是以补贴的形式鼓励内容创作者，进而为平台提供好的创意和制作；另一种是平台通过签约 MCN 机构获取流量和资源，并帮助内容创作者快速成长。

以秒拍为例，2017 年 4 月，秒拍为获取优质内容，不惜设立了"金栗子"奖鼓励内容原创者。随后在 6 月，秒拍又与万合天宜等 MCN 机构达成合作，进一步发展优质内容。秒拍的一系列动作也得到了相应的市场反馈，根据易观发布的《2017 年第二季度中国短视频市场季度盘点分析》显示，秒拍在第二季度移动全网短视频平台用户渗透率以 59.3% 领先行业。然而，有这种预判的平台不只秒拍一个，包括今日头条在内的多个短视频平台也都采取各种方式去制造优质内容。比如，明星拍摄短视频内容就是一个典型的例子，孙红雷在火山小视频发布短视频内容，而快手上也有王祖蓝的搞笑视频。也就是说，一旦某一类内容获得了较高的流量和市场反馈，同类型的内容就会接踵而来，进而使相对优质的内容也会出现同质化现象。

以目前的行业现状来看，短视频行业想要打破内容同质化，并不是一件容易的事。不过，秒拍的成绩在一定程度上也能说明，随着短视频市场的饱和，能够提供优质内容的短视频平台会有较好的发展前景，而单纯模仿或内容低劣的短视频平台将会很难过。随着入局者的不断增多，不少业内人士都存在一个疑问，面对秒拍、快手的行业优势，后入局者还有哪些突破口，留给他们的机会还有多大。

在目前的市场环境下，这种担心不无一定的道理。虽然短视频没有像直播的发展那么夸张，但目前行业内也有数十家平台，其中秒拍、快手、西瓜、美拍等为第一梯队，新土豆、抖音、小咖秀等为第二梯队。短视频半年多积累的优质资源和用户流量，基本都集中在前两个梯队中，这就使得新玩家的机会变得少之又少。无论是在短视频行业有先发优势的平台，还是借助风口快速进场的平台，都发现了短视频能够带来的流量红利。因此，各个平台开始在短视频布局方面绞尽脑汁。可惜的是，流量诱惑很容易让人陷入竞争误区，如同质化竞争。除了短视频内容，平台之间的同质化竞争还体现在定位与运营策略等方面。

短视频最主要的功能是提供娱乐，丰富用户的碎片化时间，帮助用户打发无聊时间。多数短视频平台就是看中这一点，在平台定位时突出娱乐功能，而这就带来了同功能平台扎堆的现象。观察市场上的主流平台不难发现，原本为垂直内容创新而生的音乐类短视频 APP，在获得一定流量后，陆续涌现出很多同类的平台。比如，最早的 musical. ly，为避开国内的竞争压力，选择进攻海外。实际证明，musical. ly 在国外发展很顺利，而当 musical. ly 回到国内时发现，市场上已经有很多它的模仿者。比如，抖音、奶糖、晃咖等音乐短视频平台。即便音乐短视频领域已经有了不少玩家，仍然有新人不断加入使市场竞争更加激烈。

此外，各个短视频平台在策略上也有着异曲同工之“妙”，主要有三点：一是设立内容奖项。前面提到，秒拍设立了“金栗子”奖，用来鼓励内容创作；同样，今日头条也创办了一个“金秒奖”，鼓励短视频创作。二是烧钱补贴。在今日头条为旗下三个短视频平台提供了 10 亿元的补贴之后，秒拍和微博联合宣布要拿出 1 亿美元扶植短视频。三是与 MCN 机构合作。简单来说 MCN 机构是将 PGC 内容联合起来保障内容持续输出的机构，分为聚合平台（做内容的聚合者而不是生产者）和个性化爆款 PGC 短视频制造团队两种，其对短视频平台来说有较大的帮助作用。

因此，秒拍、梨视频等多个短视频平台纷纷选择与 MCN 机构合作，以获得稳定的内容输出。实际上平台的发展有很多限制，再加上无法回避的变现问题和日趋严格的监管，短视频平台压力变得越来越大。总体来说，由于现阶段短视频平台在内容、定位和策略等方面的差异性不大，难免陷入同质化泥沼。而在这种条件下，短视频平台需要尽快打造出属于自己的鲜明标签并积累流量，否则很难在千军万马过独木桥的情况下存活下来。

第三节
直播类型也变得百花争艳

3.1 四大演进

近两年来，整个互联网直播领域确实发生了明显的变化，整个直播行业成为互联网领域的现象级风口，这是少见的。特别是在2016年后，整个网络直播迅速崛起，成为2016年最火的互联网“风口”之一。各类视频直播APP层出不穷，包括一些小平台都在不断上升，不仅吸引了众多投资者的关注，也聚集了众多直播用户。可以发现在2016年的行业发展中，基本以网络直播发展史和用户最关注的整个互联网网络直播话题为首，起底整个网络直播四个阶段，可以直接说明移动直播元年的到来。

第一个阶段——传统秀场/重度秀场是主角。相对其他的移动直播（轻度秀场）而言，传统PC端秀场往往在那个时候作用明显，可以称为重度秀。要知道在重度秀场里面，一般的用户消费主要还是用于必需的社交关系消费（用户等级体系，白名单特权等）和道具打赏。

第二个阶段——游戏直播和移动直播。这个阶段以英雄联盟、dota等游戏为代表，形成了一种多人同时在线竞技/策略的游戏模式，这种模式产生了社交需求，学习、提升游戏水平/提高段位的需求，观赏、娱乐、游戏视频本身内容的可观赏性等因素催促了游戏直播平台的诞生。

第三个阶段——生活和直播的结合。整个直播开始朝“直播＋生活”演进，特别是互联网直播进入了其他更多领域和相应的细分垂直部门。和直播结合，增加与用户互动频率，增加用户黏性。其中移动直播相对比较方便，还支持全场景直播。

第四个阶段——“VR＋直播”。这是很关键的一个阶段，在网络直播成长和发展的阶段，用户可以在移动手机客户端上更为直接地看秀场直播。手机视频直播成为人们关注的东西，备受各大直播平台的青睐。在直播“元年”，网络直播市场从个人到全民。VR 技术的不断创新发展和日渐普及让相应的视频秀场走向了 VR 直播时代，用户在直播现场可以通过 VR 技术更为方便地去到屏幕对面，真正和主播进行零距离互动。

3.2　网络电视直播

当下，传统的电视直播仍是主流，人们对电视节目的播出方式还缺乏思考，传统时代广播电视媒介的确有其传播优势，但在互联网时代，网络电视直播的推出还是引起了一场真正的电视媒介传播“革命”，并且被迅速运用到相应的电视节目中。网络电视直播极大地增强了现场感以及整体可信性，强化了节目效果。其实，电视直播至今依然有较为大的影响力，但许多电视媒体出于引领潮流和争夺受众的考虑，纷纷开始网络电视直播，使传统电视直播模式受到了一些挑战。

通过分析可发现，随着互联网网络技术的不断变化，网络电视媒体网站或其他一些网站基本上都已经开通了网络直播节目，网络直播以新颖的样式和相对便捷的服务给大家带来新的体验和全新的视觉冲击。比如，在网络双向流通时会显现出给予受众应有的尊重，这就让其很受大家的喜欢，而网络电视媒体网站之所以推出网络直播，因素可能有很多，根本目的是不被淘汰。

（1）价格合理。

价格合理是整个电视现场直播备受关注的要素之一，在报道事件全过程时，电视直播只需要相应的发射机等设备，就能将现场摄制的图像信号进行转化，经微波发送或卫星转发至所需要接收的电视台并同步播出。一般来说，一场为期半天的电视直播的费用不低，成本长期居高不下是制约电视现场直播的重要“瓶颈”。而网络现场直播对整个现场信号的采集要求并不高，整个花费成本比较低，高清采集，其他设备总投入不高，并不需要大量专业直播人员，传输过程均在网络上进行，成本是电视现场直播的几十甚至百分之一。

（2）方便快捷。

电视现场直播从接洽到活动开始需要漫长的执行周期，期间需要各类专业人员的协同合作，从人员组织到设备架设，现场也需要专门的空间与电力支持；单机位短时间的网络现场直播完全可以由个人完成，现场不需要额外的电力支持、过大的工作空间，从接洽到勘察场地，再到投入直播完全可以在48小时内完成。

（3）整合性较强。

网络现场直播属于“网络直播”范畴，网络直播的最大特点是“交互”。由于直播在网络平台上逐步进行，观众的自主选择与参与度得到了巨大的延伸。网络直播的互动方式从文字到图文（国内多数网络直播互动均停留在此阶段）再到一定的语音，现在已经进入了视频互动的时代。首届“新东方杯”英语口语大赛复试阶段全程采用Giwell Live对全国选手进行网络互动面试及直播，开创了国内网络现场直播互动先河。

尽管网络现场直播在目前发展势头良好，国家大力促进这个产业的发展，但每个直播服务提供商仍面临一些问题。目前国内网络现场直播除了直接使用电视信号进行转码在网上播放的“伪直播”外，多数还是基于在现场自行采集信号，上传至服务器后进行播放的方式。不过由于目前采集设备无法做到与电视媒体一样专业的“广播级”，在质量上可能会略显逊色；而转码压缩与上传的过程中对文件也有不同程度的处理，如果观众观看时画质有一定下降，也会影响直播效果。网络直播的承载能力是有限的，当观众数量上升影响访问带宽，就会出现“卡”的现象。这说明播放直播视频的网站没有做充足的准备与估计，导致拥堵。

3.3　游戏直播

游戏直播 Twitch 是一个面向视频游戏的实时流媒体视频平台。在 Twitch 平台上，视频游戏玩家可以实时观看其他玩家的游戏情况。游戏直播是发展最早的直播类型，很多互联网巨头早早就将目标瞄准了电子竞技游戏直播领域。平台通过知名游戏主播对游戏的直播讲解吸引粉丝，典型代表为斗鱼 TV。在游戏类直播领域，主播相当于平台的“命脉”，以年龄层分布广、年轻用户活跃度高，一、二线城市具有消费能力的用户占主流，“80 后”“90 后”乃至“00 后”男性粉丝为主，这也是如今斗鱼网罗诸多美女网红开直播的一大原因。

在 Twitch 平台上，视频游戏玩家可以实时地观看其他玩家的游戏情况，这个平台也因此成为最受游戏玩家欢迎的聚集地，因为 Twitch 不仅可以在上面看到游戏比赛的赛况，还可以从其他玩家那里学习游戏战略。Twitch 的主要功能是随时随地观看直播，其几乎涵盖所有游戏。截至 2017 年 6 月，网络直播用户共 3.43 亿，占网民总体的 45.6%。其中，游戏直播用户规模达 1.80 亿，较去年底增加 3386 万，占网民总体的 23.9%。自 2017 年以来，“吃鸡”游戏爆发，不仅游戏行业巨头腾讯、网易受益，游戏直播平台也得到一波强力的推动，整个行业充满生机。预计在不断涌现的新热点游戏的刺激下，游戏行业未来仍将保持高速发展。

3.4　娱乐直播

娱乐类直播是当前市场上用户数量最大的一个类别，由于明星、剧组、网红的入驻，保证了平台的粉丝基数。粉丝与偶像零距离接触，是直播 APP 相对传统媒体平台的最大优势。其用户最多，年龄层广，典型代表为美拍直播。

3.5 购物直播

购物类直播的变现最快，方式直接，典型代表是淘宝直播。购物类直播或者称消费类直播，其实相当于早先的电视购物，以网红主播展示商品的功能和讲解为吸睛点，激发用户的消费欲望，从而达到出售商品的目的。消费类直播的模式比起文字、视频会更加直观，与用户的互动性也更强。其中具有一定消费水平的女性占八成以上，而平台拉拢大量明星网红以及品牌入驻，也是吸引这些粉丝的最主要方式。

本章总结：我们不能直接看到名人，一般只能通过电视、电脑。而当直播开始出现，强大的传播效应吸引了很多社会名人的加入。当直播走进这些人，我们就会发现其生活背后的故事，特别是在“电商＋直播”日益成为越来越多平台与企业所选择的模式时，名人直播平台确实找到了一种良好的变现方式，直播技术和直播类型的发展让互联网直播行业随着互联网变得更加缤纷多彩。

05 第五章
曲折——互联网监管之下直播风生夜雨

第一节

互联网监管细说

互联网的发展既推动了经济社会的发展，也导致了相关的问题，网络化的世界中乱象频出，给越来越多的人造成了安全等各方面的隐患。

2016 年 11 月 4 日国家网信办公布《互联网直播服务管理规定》，2016 年下半年发布与直播有关法律法规的频率大大提升，监管强度大幅增加。其中，国家互联网信息办公室 11 月 4 日发布的《互联网直播服务管理规定》（以下简称《规定》），对直播服务进行了细节规范，被称为直播行业最严的监管条例。根据资料显示，《互联网直播服务管理规定》（以下简称《规定》）可归纳为四个关键词："双资质、总编辑、先审后发、即时阻断"，《规定》将对直播行业产生大规模整治效果。长远来看，这有利于大平台的发展，大平台对进入市场的资质、内容审核技术等方面均有优势，而小平台则生存堪忧。

网络直播乱象无处遁形。针对网络直播种种乱象，国家有关部门大力推进依法治网，相继出台《移动互联网应用程序信息服务管理规定》《文化部关于加强网络表演管理工作的通知》《关于加强网络视听节目直播服务管理有关问题的通知》《互联网直播服务管理规定》等法规文件，对网络直播行业提出了新的要求。其中，国家新闻出版广电总局下发的《关于加强网络视听节目直播服务管理有关问题的通知》，重申直播平台必须持有《信息网络传播视听节目许可证》，未取得许可证的机构和个人不能从事直播业务；网信办发布的《互联网直播服务管理规定》，对直播平台和主播提出了“双资质”“先审后发”“即时阻断”等要求，从这些接连发布的规定中不难看出，相关部门监管明显收严。2017 年 1 ~6 月，已有 73 家直播平台被依法依规关闭，网信部门督促各主要直播平台落实主体责任，加强自查自纠，累计封禁 38179 个违规主播账号，将 1879 名严重违规主播纳入永久封禁黑名单，关闭 91443 个直播间，清理 120221 个用户账号，删除 5000 余万条有害弹幕评论。此外，各地“扫黄打非”部门也协调有关部门加强行业监管，严格落实 24 小时监测要求，发现违规直播立即封停，并加强对主播的监管，建立主播“黑名单”制度及行业通报机制，对违规主播实行全行业禁入。

作为移动互联网快速发展的产物，网络直播已成为当前最为火爆的风口产业之一。相关 2016—2021 年中国视频点播或直播行业市场需求与投资咨询报告行业数据显示，2015 年至今，全国在线直播平台数量超过 300 家，电商、游戏、体育、泛娱乐等各有涉及。为此，必须重拳整治网络直播乱象，促进网络直播健康发展，规范网络传播秩序。新规用制度藩篱规范乱象频出、“野蛮生长”的网络直播，非常及时。

1.1 监管是互联网市场成长需要

对互联网来说，网络空间并不是市场自由，市场也存在很多急需处理的东西，随着互联网经济的发展，各种问题和乱象频出。全球网络空间治理的无政府状态，使各类行为体都面临日益增长的风险和威胁。网络空间具有跨国界、无边界特性，网络空间风险和威胁往往一点突破、全网蔓延，任何一个国家或者行为体都难以独善其身，也难以独力应对，迫切需要建立起一套包括互联网直播等安全及经济社会利益相契合的互联网治理体系。

直播开始步入“全民时代”。“直播吃饭，日赚上万”“直播睡觉，万人围观”……部分直播平台直播飙车、吃灯泡、猎杀野生动物等行为，充斥粗俗语言和负面情绪宣泄。更有甚者，传播色情、暴力、谣言，利用直播诈骗，严重地破坏网络生态环境，违背社会主义核心价值观，给青少年身心健康带来不良影响。还有的平台，本身缺乏相关资质，却违规开展新闻信息直播，扰乱正常传播秩序。种种乱象昭示，对网络直播进行规范管理重要而紧迫。

国家网信办有关负责人接受媒体采访时表示，据不完全统计，在国内提供互联网直播平台服务的企业超过 300 家，且数量还在增长，有的直播平台打擦边球，有的传播违法违规内容，还有的平台违规开展新闻信息直播，出台《规定》旨在加强互联网直播管理，促进行业健康有序发展，维护国家利益和公共利益，为广大网民特别是青少年成长营造风清气正的网络空间。

此外，文化部曾公布消息称，前期就已经针对 50 家直播平台开展“全身体检”式执法检查，发现 15 家网络表演平台涉嫌提供含有禁止内容的网络表演，花椒直播、哔哩哔哩、一直播等知名直播平台在列。同一日，熊猫直播宣布获得 10 亿元 B 轮融资；前一日，花椒直播获得港股上市公司天鸽互动 1 亿元注资。

乱象丛生的直播市场监管越发强化。2016 年针对部分网络直播平台涉嫌淫秽色情低俗、侵害未成年人身心健康等违规问题，文化部开展了一次集中执法检查和专项清理，关停包括“千树、轩美、夜魅社区”等 10 家直播平台，处理表演者超过 3 万人次。此次执法检查中包括斗鱼、哔哩哔哩在内的 15 家网络直播平台因存在不同违规内容，分别被处以罚款、没收违法所得等行政处罚。同时，针对花椒直播提供涉嫌散布谣言和扰乱社会秩序的“虚假故宫直播”等问题，文化部开展一次专项清理。对花椒、火山等10家平台进行行政处罚；对提供淫秽色情网络表演的"夜魅社区"则给予吊销许可证、关停平台的处理。

据文化部公布的数据显示，针对近期网络表演市场内容违规行为多发的问题，文化部关停10家网络表演平台，行政处罚48家网络表演经营单位，关闭直播间30235间，整改直播间3382间，处理表演者31371人次，解约表演者547人。文化部加强对直播平台整顿的背后，是直播领域监管的渐趋严格。2016年4月，文化部就查处了26个网络表演平台，关停4000多个涉嫌严重违规的表演房间；2017年以来，文化部启动了针对网络表演市场的"双随机一公开"执法检查，涉及的网络表演经营单位占全国主要网络表演经营单位总数的约50%。

直播里面既有大牌明星、网红，三、四线模特、普通白领，也有从色情行业转行的所谓外围女；既有高调闯入的"国民老公"王思聪，也有腾讯、陌陌、淘宝电商、聚美、优酷土豆、YY等传统互联网公司；既有追逐获利的投资人，也有俨然"造梦师"的创业者和经纪中介，而最终支撑起这一火爆市场的，则是大大小小的智能手机屏幕，以及背后数亿模糊的中国网民面孔。

有第三方数据显示，中国女主播群体至少已达百万人级别，而且还在迅速扩大，直播活跃时间也放大到每天24小时，内容涉及游戏电竞、生活娱乐、工作教育等诸多细分领域，搅动全国数亿网民参与其中。

一切信息似乎都预示，直播行业正成长为一个新兴的庞大市场，但另外，色情低俗的质疑依然是悬在直播行业头上挥之不去的枷锁。这一半是因为大众已戴上"有色眼镜"，另一半，则是因为尽管监管部门查处不断、各平台禁黄措施频出，但猎奇心理、窥私欲等依然是目前驱动直播市场发展的主要原因，行业背后社会价值、可持续商业模式的建立还远待时日。

问题屡禁不止，融资源源不断，直播领域资本是"真疯"还是"假傻"？显然，资本看中的是直播平台不可小觑的用户规模和流量，虽内容同质化、低俗暴力等问题屡禁不止为直播蒙上一层阴影，但监管高压之下，小平台被淘汰，背靠巨头的直播平台渐渐转型，一场直播平台的“变形记”正在悄然上演。

1.2　政策方向预测，内容、自律与版权保护

互联网的发展确实带来了相应的红利，但是也存在各种内容等方面的问题，艾媒咨询分析师认为，在未来较长时间内，高压监管将成为行业常态，监管政策并不会对直播上下游产业进行过多的规范，而是延续《规定》的监管思路，直接对直播内容进行高强度监管，杜绝黄色暴力内容、知识产权侵权问题情况发生，同时尽可能地保证上下游创新能力。此外，直播行业内部将产生更多自律性条约，在行业内部形成易于良性竞争的共识，自律条约与监管相比，更像道德与法律的关系，在监管基础上行业内部形成更高的要求。而目前在线直播领域版权仍处于灰色地带，政策监管上可能将在定义、保护措施和交易体系上有所突破。

网红综合竞争力评价指标维度立足平台差异，选择合适数据监测维度是网红综合竞争力评价体系建立的基础。艾媒咨询分析师认为，粉丝总数、评论量、点赞数、粉丝增长趋势等维度是网红综合竞争力的重要评判指标，可全面考察网红内容生产、粉丝运营等方面综合实力。独特的“营销活动体系”实时反馈效果在网红综合竞争力评价体系中，营销转化能力是反映营销效果的关键指标，贯穿整个网红评价体系的始末。仅对网红进行传统数据监测，难以真实呈现其商业实力，艾媒咨询将网红在分销及广告投放方面的实际转化率纳入重要考察指标，通过监测对比固定时间段内指定营销操作转化率，实时客观反映网红营销转化能力，实现对网红综合竞争力的全方位评估。

1.3　用户优秀产品的需要

iiMedia Research（艾媒咨询）数据显示，2016 年第三季度，27.8% 的

网民经常观看在线直播，20.4%的网民偶尔关注在线直播，网民观看在线直播的习惯已初步养成。在曾观看过在线直播的用户中，48.1%的直播用户每周观看在线直播频率为1~3次，21.6%的直播用户每天观看。同时网民对市场直播产品的优秀产品需求增加。

艾媒咨询分析师认为，平台进一步引导内容创作者丰富直播内容、优化直播质量或有利于提升用户观看直播频率，娱乐是用户观看在线直播的主要原因。iiMedia Research（艾媒咨询）数据显示，2016年第三季度，41.4%的用户认为放松身心是观看在线直播的主要原因，更看重在线直播的娱乐性质；20.6%的用户认为消磨时间、无聊是观看在线直播的主要原因。艾媒咨询分析师认为，尽管近六成网民观看在线直播时更多是为了满足其娱乐心理，但随着在线直播的技术发展、用户对在线直播的依赖与信任水平不断攀升，以热点事件为主的新闻直播、技能培训为主的教育直播发展空间巨大。

在线直播内容监管获得大众支持。iiMedia Research（艾媒咨询）数据显示，2016年第三季度，47.5%的用户支持在线直播行业整顿行动，但会担心个人主播因监管行动而丧失内容制作能力；28.2%的网民非常支持在线直播行业的整顿行动，并且会在行动上积极配合监管部门行动，如发现不良内容将积极举报。艾媒咨询分析师认为，近八成网民支持直播行业的整顿行动，意见分歧主要体现在监管力度的大小，合适的监管力度与行业自律能力将有助直播行业快速发展，过强的监管将使行业丧失创新能力。

第二节
已经走入下半场的互联网直播政策

政策肯定是落后于市场的，直播市场也一样，市场出了一些新的趋势、新的商业模式，政策再跟上，这个一点都不奇怪。

面对网络直播存在的问题，广电等部门已对直播平台进行了整治。自2016 年初以来，针对直播平台的监管政策密集出台。

2016 年文化部下发了第二十五批违法违规互联网文化活动查处名单，从 7 月公布的处理结果来看，文化部查处了 23 家网络文化经营单位，共 26 个网络表演平台，共计关闭严重违规表演房间 4313 间，处理违规网络表演者 16881 人。其中，熊猫、斗鱼、六间房等 12 家公司被责令整改。

2016 年 9 月，广电总局下发《〈信息网络传播视听节目许可证〉审批事项服务指南》，申请单位需满足“为国有独资或国有控股单位”，且注册资本应在 1000 万元以上。这也意味着，大部分的直播平台均不具备上述资质，除了《信息网络传播视听节目许可证》之外，还要根据《网络文化经营许可证》以及《广播电视节目制作经营许可证》，要求达到注册资金1000 万元以上，这些证件的办理申请难度非常大。这一规定也被称为“史上最严直播监管令”，各大媒体纷纷借此唱衰网络直播行业。但在与几位业界大咖对话的过程中,《经济观察报》发现他们普遍对监管持欢迎态度,并且直言行业的监管并不会影响网络直播的正常发展,反而会加快直播行业的规范化、健康化运营。

进一步解释来说,这个《通知》是广电部门对之前出台法规的重申,并非单针对直播,相关规定在直播火爆之前就有。如果参照视频点播行业,要求持证上岗,在互联网行业并不是新鲜事,关键在于监管部门具体的落实方法和方式。本次强调的平台和主播持证主要是针对开办新闻、综艺、体育、访谈、评论等各类视听节目的直播平台,对从事自制内容的直播平台的影响可能比较大。很多投资人则认为,在复杂多变的互联网生态下,经常会出现政策法规的颁布落后于实际行业发展的情况,但大多数时候政策和市场会逐渐磨合,最终找到平衡点,如早年的淘宝。不会因为监管法规的出现最终导致行业的衰落,最终做出选择的还是市场,"政府+资本+平台"三方将逐渐形成有效互动,一定会有一轮洗牌,之后行业健康发展的格局将逐步形成,没有拿到许可证的直播企业依靠"有证"的企业曲线救国,或者从内容方面入手,转投直播的上下游产业或者细分领域,而那些仍然保持粗糙模式的直播平台,无论大小,都将会被淘汰。

文化部也相继出台《文化部关于加强网络表演管理工作的通知》《网络表演经营活动管理办法》等规定,加强对网络表演平台的监管。此外,国家新闻出版广电总局、国家互联网信息办公室也接连发布相关通知及规定,明确主播实名制登记、黑名单、直播平台"双资质"等制度。在2017年,国家又一项互联网直播的监管政策出炉,国家互联网信息办公室发布了《互联网直播服务管理规定》,持续通过政策体系来监管。

第三节
直播的艰难生存

3.1 融资不断

关停、处罚并未影响资本市场对直播平台的青睐。5 月 24 日，熊猫直播宣布获得 10 亿元人民币 B 轮融资，本轮投资由兴业证券兴证资本领投，汉富资本、沃肯资本、光源资本、中冀投资、昌迪资本、明石投资跟投，光源资本担任此次融资独家财务顾问。而在 2016 年 5 月 23 日，天鸽互动发布公告称，公司拟以 1 亿元现金的方式注资花椒直播母公司北京密境和风科技有限公司；5 月 9 日，宣亚国际品牌管理股份有限公司发布公告称，将收购映客至少 50% 的股权。《北京商报》记者梳理发现包括天鸽、虎牙、live. me、微吼等平台也在此前拿到高额融资。监管高压之下，为何直播平台越发受青睐。新元文智创始人刘德良表示，直播行业发展之初就进入快速发展期，但直播内容低俗暴力等问题也影响行业的健康发展，文化部加强对违规直播平台的处罚能够引导直播平台实现良性发展。“直播平台仍有着不可小觑的用户规模及流量，经过新一轮的规范，有优质内容以及产品开发能力的直播平台仍会保持强势竞争力，并吸引大量资本的青睐，一些违规平台被清理整治也能加速直播行业的洗牌。”

3.2 小平台遭淘汰

近几年，已有光圈直播、微播、网聚直播、趣直播等多家直播平台悄然离场。

一张张监管符咒贴在直播平台上，曾经所谓200家企业的“百播大战”到如今早已没了往日的风光。面对多次查办，企业渐渐沉默不语。业内观察家郝小辉认为，监管对行业环境大有裨益，规矩的大平台仍是站在监管一方的，只是因为大部分内容发起者是普通用户，钻平台监管的空子，发布内容违规的问题在所难免。

2016年起实施的《网络表演经营活动管理办法》仅“持证上岗”（《信息网络传播视听节目许可证》《网络文化经营许可证》以及《广播电视节目制作经营许可证》）一项内容，就将大部分直播平台划入了违规经营的行列。截至目前，获得双证的只有YY、虎牙直播、映客直播等少数几家，斗鱼直播、熊猫直播、花椒直播、全民直播、陌陌等直播平台尚未在网站底部公示视听许可证。网络直播泡沫正在破裂，经过2016年的千播大战后，直播平台开始出现退烧症状。如何通过改造自身的发展模式来更好地满足用户需求，成为网络直播行业面临的主要问题。在监管日趋严格、内容同质化严重、商业模式单一、投融资并不明朗的寒冬，直播平台该何去何从？在经历了野蛮生长之后，直播热潮已经刮起一股寒流。2017年初，估值5亿元的光圈直播轰然倒下。截至目前，除光圈直播外，还有微播、网聚直播、趣直播等诸多直播平台悄无声息地下线或停止服务。易观分析师王传珍在接受媒体采访时曾表示，市场的体量是既定的，当前市场尚处于商业模式探索的发展时期，市场容纳不了这么多家应用，中小产品的陆续倒闭是必然的。

对资金雄厚、有树可依的直播平台，监管的三令五申虽然创造了良好的竞争氛围，但同时也对如何发掘创新内容，吸引用户留存提出了更高的要求。

3.3　走上转型路

同质化竞争、盈利模式不清，让“风口”上的直播平台摇摇欲坠。面对监管收紧，靠涉黄涉爆等踩红线的内容吸引用户的模式难以维系。据了解，不少直播平台的用户留存率已大不如前。再加上长期以来带宽成本与品牌宣传成本等方面的大量投入也让直播成为烧钱赚吆喝的行业，监管高压之下，市场对主播、优质内容等资源的争夺将更为激烈，直播平台在商业模式上也面临转型问题。中央财经大学文化经济研究院院长魏鹏举强调，直播行业未来还有很长的路要走。从目前来看，拓展付费用户规模可以实现盈利，此外，针对特定的群体进行服务，走专业的分众直播也是不错的选择，还能最大程度引发用户消费。在平台流量得到进一步提升后，广告植入、深入开发、延伸销售链等盈利方式就能水到渠成。

面对压力，为了应对挑战，各大直播平台也充分利用自身优质资源，探索差异化的发展道路，并且开始另辟转型之路。映客、花椒拥抱第三方，开通接口并参与综艺制作，还做起了游戏等垂直领域；斗鱼不仅扣住游戏，还联合去哪儿发起“旅游 + 直播”等。郝小辉认为，直播平台尤其使秀场类型的越发显得单调，这些有一定用户积累的平台需要留住用户就必须摆脱单一的产品模式。

3.4　直播企业在变动中停运

3.4.1　内外交困，直播市场春风不得意

据相关数据统计，2016 年中国共有大大小小 300 多家直播平台，在激烈的市场竞争环境中，“美女”和“色情”等荷尔蒙刺激元素是众多直播平台“吸睛”的主要手段。庞大的直播流为平台内容监管带来挑战。2016 年至今，直播平台上涉黄、涉暴甚至涉毒的直播内容引起了相关部门的重视——从 2016 年下半年至今，《关于加强网络表演管理工作的通知》《关

于加强网络视听节目直播服务管理有关问题的通知》和《互联网直播服务管理规定》等多个针对直播市场的规定相继实施。至此，问题已经搬上台面——那些曾打"色情"擦边球的直播平台，色情经济被大幅缩减，收入单一，依靠打赏的他们如今又该何以为继?

另外，直播市场的大多数参与者都处在赔本赚吆喝的沼泽地中。2017年2月中旬，光圈直播这家早在2015年9月就已拿到1250万元人民币天使轮融资、估值高达5亿元人民币的直播平台突然倒闭，背后的原因让人深思。光圈直播的倒下并不是个例。据不完全统计，在国内300多家直播平台中，1/10的平台已经死亡，如微播、网聚直播、猫耳直播、咖喱直播、爱闹直播、趣直播和美瓜直播等数十家直播平台销声匿迹。同样，国外市场也是类似，2016年10月，"直播鼻祖"Meerkat死亡，令人唏嘘不已。它曾有百万用户，走红时估值高达4000万美元，但在2016年被推特收购后，夹在Periscope和Facebook Live之间依旧无法苟延。在这样一种内外交困的现状之下，不少业内人士认为直播行业如果不能在商业变现方面有所突破，很有可能在百播争鸣后留下一地鸡毛。

3.4.2 亏损与倒闭之外，寡头化初现端倪

种种迹象表明，2017年已经成为直播市场的洗牌期。截至2016年11月30日，全国共有31家直播公司完成共36起融资，涉及总金额108.32亿元人民币。然而2016年直播行业整体营收只比融资总额高出1/3，这样的数据放在任何一个行业都是畸形的。因此，在2017年，那些资金薄弱或变现跟不上的中小直播平台被扫地出门，而一些跑在市场前列的直播公司则更具话语权。纵观当前市场，问哪些直播公司有"寡头像"呢？从以下科技（一直播母公司）、欢聚时代（YY直播母公司）和陌陌三家公司身上可窥一二。一下科技，旗下三个移动视频平台——秒拍、小咖秀和一直播。根据2017年2月微博发布的2016年第四季度及全年财报显示，截至2016年底，微博月活跃用户全年净增长7700万人，至3.13亿人，移动端

占比 90%。同时，微博的盈利能力进一步提升，2016 年第四季度非美国通用会计准则运营利润率达 35%。微博的二次崛起离不开一下科技的移动视频业务支撑。

而同时，微博也是一下科技最大的投资方，二者无论从资金或是业务方面，关系都相当密切。自 2013 年以来，微博一共参加一下科技 4 轮投资，累计投资 1.9 亿美元。值得注意的是，财报中还显示，微博在视频和直播上的布局已经取得一定成效。2016 年 12 月，微博视频的日均播放量相比上一年同期大幅增长了 713%，广告和营销营收较上年同期增长 47%，至 1.295 亿美元。言外之意，为微博提供短视频和直播服务的一下科技的商业价值增长也必定可观。这也是为什么说一下科技有“寡头像”的原因——背靠微博，产出的内容又反哺微博，发展势头正猛。当然，如此大的直播市场，注定不会是一个人的狂欢。2016 年直播收入最高的是 YY 的母公司欢聚时代，其 2016 年第三季度净营收为 20.898 亿元人民币，净利润为 4.000 亿元人民币，而它的直播服务营收 17.904 亿元人民币，在整体营收中占比达 85.67%。此外，欢聚时代 CEO 陈洲还表示，2015 年第四季度至 2016 第三季度这一年中，直播共为欢聚时代带来约 80 亿元人民币收入。由此可见，欢聚时代不仅在直播市场赚钱了，发展势头还同样凶猛。

同样，作为仅次于微信和 QQ 的移动社交平台，陌陌 2016 年第三季度财报显示，直播业务产生营收 1.086 亿美元，占陌陌整体收入（1.57 亿美元）的 69.17%。可见，陌陌接下来必定会将直播视为公司核心业务。除了这些，诸如映客和花椒直播等平台也有“寡头像”，他们的月活跃用户数都比较多，其中映客在 2016 年 9 月的数据统计中，月活跃用户数达到了惊人的 1.13 亿人。

2017 年，360 公司永久关闭水滴直播平台，宣亚国际宣布终止收购映客所属的蜜莱坞网络科技，这两件事在业内引发了不小的波澜。

12 月 15 日，宣亚国际宣布终止收购映客所属的蜜莱坞网络科技有限公司，虽然映客表示未受收购终止影响，但多份数据报告显示，映客表现乏力，业界认为，虽然映客已开始C端商业化以外的尝试，但它在资源整合导入上与巨头系企业仍有差距。

"水滴直播功能全面关闭，不再提供任何直播服务"。在争议声中，360公司于12月20日宣布主动、永久关闭水滴直播平台，在主动关闭水滴直播平台前，水滴直播已经将平台上所有涉及人员流动的公共场所的视频直播下线。水滴直播相关负责人表示，水滴直播本身是一个响应用户需求而出现的创新产品，这个过程中，水滴直播平台的一些功能存在争议，存在被恶意利用的行为。此前，某些店铺在未贴有直播告示的情况下，通过360智能摄像机对用户逛街、健身、吃饭等行为进行了直播，涉嫌侵犯用户隐私权利。

"直播与安防监控，在360智能摄像机上完全是两件事，绝大部分摄像机的用户都是用来做监控的，做直播的用户，需要经过数道复杂的流程才能发布直播。当然，我们把这两种功能做在同一个硬件上，使大家容易被误导，这是我们需要反思的。""我们已经尝试了AI等技术，希望能够在满足部分用户直播需求的同时，也最大限度地保护用户隐私安全。"水滴直播产品经理张西胜表示，"但是经过技术团队的努力，我们发现技术不是万能的。出于对用户负责的态度和用户至上的理念，综合分析后我们决定关闭水滴直播平台。"

在主动关闭水滴直播平台前，水滴直播已经将平台上所有涉及人员流动的公共场所的视频直播全部下线，仅保留精准扶贫、生态农业等纯公益性直播。360方面称，在今年初水滴直播被曝光涉嫌泄露用户隐私的问题后，水滴直播就已经开展了一系列举措，加大用户隐私保护力度，包括将校园直播改为私密分享，即只有学校老师设置授权密码、家长通过输入密码才能观看；为广大商户配发了免费的贴纸，要求商户在开通直播前必须在醒目位置张贴，提醒公众注意；开通用户举报通道，24小时人工值守、处置涉隐私举报。水滴直播的画面更是设置了醒目的举报按钮，方便用户随时举报。

永久关闭水滴直播平台后，360智能摄像机将聚焦安防监控功能，360智能摄像机自面世以来累计销量超过500万台，主打安全与便捷。此外，360公司向各地幼儿园免费赠送360智能摄像机的活动也将持续下去。截至目前，360已经向全国各地幼儿园累计赠送超过2000台产品，成为守护儿童安全，增强家长、老师互信的重要工具。2017年4月，因多地教室课堂画面被直播，360的水滴直播平台因涉嫌隐私被媒体广泛报道。此后，水滴直播称，在校园课堂的视频直播时，会提供保密功能，无密码不能观看，而密码只提供给家长。2017年12月11日，有“90后”自媒体发文称，经过实地调查，360旗下水滴直播上有不少直播号未经消费者同意，将其店铺或办公地等公共场所的实时场景通过360摄像头进行公开直播，侵犯了消费者的隐私。据称，尽管360方面要求商家在店内明显位置张贴《商家设置直播提示公告》，但在其调查的这些店铺里，极少有商家张贴及告知消费者。同时，商家也对这种行为不以为然。对此，360方面回应称，水滴平台上所有直播画面都是由机主购买小水滴摄像机后自行安装，并由用户自主操作下分享直播。2017年12月13日，周鸿祎在媒体说明会上表示，现在业界的传播在混淆两个概念：一是只要360的摄像头就是在直播，故意制造社会恐慌；二是在说360为了做直播这个生意到处在送摄像头。另外，也有声音在质疑360给幼儿园送摄像头这个主意，如会给园方造成压力。周鸿祎认为这次关于水滴直播涉及隐私的问题是背后有黑手在推动，原因是这种免费给幼儿园送摄像头的行动可能触动了一些传统监控厂商的利益。

由于水滴直播现在一直是免费运营，如果业界认为360水滴直播侵犯了用户的隐私，360完全可以将这个平台关掉。针对周鸿祎的声明，这起事件起因的当事人陈菲菲回应称，“我在此事中，从始至终没有收一分钱；

我也没有花一分钱用来推广，花钱找大V来转发……这说明了什么？不是我一个人的呐喊，而是民意……您在今天下午对媒体说在想得罪了谁，我来告诉您得罪了谁，您得罪了消费者，得罪了大众；您想知道幕后黑手是谁，幕后黑手就是他们。"此后，针对用户及媒体的建议，360曾尝试将直播中的人脸打马赛克，但从目前360的声明来看，这项工作进展并不顺利。水滴直播产品经理称，经过团队工程师们这段时间的努力，我们发现还是有很多情况无法对直播中所有人脸百分百进行处理，有一些是人的因素，如侧脸对镜头，或者位置较远，还有一些是商家的因素，如摄像头安装的位置、角度等都影响识别。

360称，通过技术上的尝试以及最近的反思，为了能够尊重、保护更多用户和消费者的权益，我们决定从今天起，360智能摄像机删除所有直播相关功能，只提供安防监控功能。水滴直播平台也全面关闭，不再提供任何直播服务。

第四节
“互联网＋”下的直播产业突破困难

4.1 用户增长放缓

直播的发展也面临用户增长放缓、竞争加剧、变现困难等问题。直播平台如何破局？iiMedia Research（艾媒咨询）数据显示，2017 年中国在线直播用户规模达 3.92 亿，较 2016 年增长 26.5%，至 2019 年预计用户规模达到 4.95 亿。尽管网络直播体量还在上升，但在行业监管加强和同质化竞争压力下，直播行业的前五名中已有 4 家出现了活跃用户持续下滑。可以说，2017 年网络直播行业正在结束疯狂生长的阶段，进入行业调整期，直播行业趋向理性发展，行业的用户策略目标从增加用户数量转到提高用户留存率。

4.2 竞争加剧

直播行业进入下半场，资本和用户都显示出疲态，直播市场从“烧钱”行为转向较为理性的投资阶段，市场发展变缓。从行业发展来看，用户增长放缓、竞争加剧、变现困难成为直播行业当前正面临的三大症结，在此形势下许多直播平台将无奈退出市场，在马太效应越来越明显的市场竞争下，可以预见，还将有更多的直播平台会陷入运营困境。除了外围环境不容乐观外，内容同质化也是直播行业加速洗牌的重要诱因，低质的内容已经无法为平台带来有价值的流量，反而容易增加不必要的政策风险。如何快速找到优质内容，精致化运营，做好用户服务体验，挖掘多元合理的商业模式，是当前网络直播平台急需破解的难题。

4.3 网络直播低俗侵权乱象频出

众媒时代，一切皆可直播，看直播成了许多人打发无聊时光的首选。从某种意义上来看，每个人都不同程度地处在被直播的摄像头下——公职人员上班时偷打游戏，餐厅后厨究竟怎样加工食品，小学生课堂教学情况……直播重塑社会，直播创新社会监督的方式，直播也改变人们对隐私边界的认识。

近年来，网络直播成为风口行业，资本不断涌入、众多直播平台雨后春笋般诞生。许多人将2016年称为“中国网络直播元年”，这一全新的技术形态，吸引了大量资金和从业者。有数据显示，早在2016年上半年，网络直播用户就已达3.25亿，并呈现爆发式增长。而与此同时，低俗、侵权等乱象频出。不少直播平台都提供摄像头直播服务，内容涵盖街景、旅游景区、生态农业等领域。据悉，此类直播平台大多是基于智能摄像头的用户分享平台，不少直播平台同时销售智能摄像头。给原本为安全而设置的摄像头增添直播功能，成为一些监控设备的卖点。借助直播平台，厂商能抢占智能摄像头市场份额，并增加直播平台的点击量和流量。对参与直播的商家而言，也有吸引客流、增加人气的广告效应。

中国传媒大学文法学部网络法与知识产权研究中心主任王四新说，“和主播特意进行表演的网络直播不同，人在无意识下被拍下的画面更真实，一定程度上满足了部分人的‘窥私欲’。”一位网络直播业内人士告诉记者，一些生产厂家可能存在以低廉的价格推销摄像头，靠与摄像头相连的网络平台吸引流量等行为。而在之前网络直播博主吴永宁坠亡背后突显问题后，国内诸多媒体也对自称国内极限高空挑战第一人的网络直播博主“极限—永宁”坠亡一事进行了报道和评论。抛开“极限运动”这一关键词，人们依旧可以发现在这一事件背后，有网络直播的身影。可以说，网络直播正处于发展初级阶段。在这个领域，平台方运作好，便可获得巨大的收益；而主播们想方设法吸引关注，也多有收入方面的考量。吴永宁为了吸引更多人关注，“放弃”了安全保护；而一些不谙世事的未成年人，也想通过网络直播收获自己的第一桶金。

个体的价值选择是自由的，社会无法也不应干涉和强加。但是，如何让直播行业健康发展，值得所有人深思。社会依然要给予正确的引导和规范，尽可能地让整个网络直播事业向合理、合法与健康的方向发展。比如说限制未成年人进行直播，相关直播平台对此有过努力。

4.4　从疯狂到理性，直播行业进入调整期

移动互联网技术对网络视频直播的刺激作用已经开始减退，经过两年的野蛮生长后，视频直播行业逐渐趋于理性。单纯的插科打诨与吃饭卖萌显然已经难以提起用户的兴趣。而短视频的再次兴起也让直播行业的走向更加茫然。如何通过改造自身的发展模式来更好地满足用户的需求，也成了直播平台发展的主要问题。

近几年来，4G 网络的普及和智能手机性能的提升，使网络视频直播平台迎来了生长的最佳时期，从农村到城市，网络直播摆脱了地域空间的限制，随时随地拿起手机就可以开启直播模式。这给早期进驻的网红带来了巨大的收益，同时也让更多人趋之若鹜。事实上，直播平台早期的盈利模式主要还是靠用户打赏，这种简单粗暴的方式在短时间内给平台带来了巨大的现金流，但烧钱速度也不慢。根据多方数据显示，视频直播的宽带费用每月至少在 2000 万元以上。并且，直播内容严重同质化也导致优秀主播

成了各平台之间争夺的焦点，平台不得不花高价签约一批有影响力的主播来维持平台的可持续发展。而直播平台、主播和经纪公司三方之间的利益纠纷也屡见不鲜，单一的打赏模式已经无法支撑平台巨额的开支，在经过2016年的千播大战后，直播平台开始出现了退烧症状。

根据中国互联网络信息中心发布的《中国互联网络发展状况统计报告》显示，截至2017年6月，我国网络直播用户共3.43亿，占网民总体的45.6%。而这一数据在2016年12月分别是3.44亿、47.1%。与半年前相比，网络直播的用户规模和在网民中的整体占比都出现下降。在笔者看来，内容永远是稀缺资源，有才华、有专业技能的内容创作者毕竟是少数，大部分主播只能靠不断突破下限来提升自己在平台上的价值。内容严重同质化，必然导致用户的审美疲劳。另外，短视频的再次崛起也加快了直播行业下滑的速度，甚至有评论认为短视频会逐渐取代视频直播。事实上，视频直播平台早已开始布局短视频领域，短视频相比直播的优势在于受众人群更广泛、内容丰富性也强，满足了现代人充分利用碎片化时间来观看视频内容的需求，而且短视频凭借其"短平快"的传播模式更容易形成二次传播。

种种迹象表明，未来的直播行业无论从平台还是从用户维度来看，都将逐步回归理性，秀下限、"打擦边球"等简单粗暴的直播方式已经无法吸引更多的用户去关注。用户对高质量内容的需求也在倒逼平台进行深耕细作，并向垂直细分领域渗透。

4.5 隐私保护成难点

互联网从早期到后期的发展过程中，隐私保护逐步成为直播的一大难点，网络的发展把网络直播与个人隐私的矛盾推至风口浪尖。当公共空间遭遇"全民目击"，居民的个人隐私谁来保护？这个问题值得追根究底。网络直播已经成为当下最热门的信息传播途径之一，它是时代的产物，但也是一把双刃剑，它必须被置于现代化的管理制度和规范约束之中。否则，很难避免这台高速运转的机器不会异化为吞噬人尊严和隐私的怪兽。如何在一个网络直播全覆盖的环境中，保护个人信息安全，可能是决定网络直播是天使还是魔鬼的核心议题。

纵观全球网络信息安全管理做得比较好的国家，认真解决制度问题，构建多层次、多角度的法律法规和标准体系，是其共同的做法。各类网络平台在直播过程中，对公民个人信息从制作到浏览、修改、传输、分发、存储、销毁等各个环节，都有着细化规范和标准。而且，随着安全要求的调整，还应定期或不定期进行更新与修订。基于个人隐私对个人生存、发展所具有的特殊意义，个人隐私安全应当成为在网络直播、视频监控全覆盖全面推进之际，一个受到更大关注和重视的议题。因此，面对技术进步，在合理使用技术的同时，还要看到技术对人的权益的侵蚀，从而制定严格的网络直播布控规则，不能让任何直播装置成为隐私的侵权黑洞。这既要从技术上着力，也要从管理上寻方，更要司法机关在处置过程中体现捍卫隐私的决心。比如，在此次曝光的某网络企业涉嫌侵犯用户隐私的事件中，虽然该企业迅速站出来否认，但这种自证清白的做法显然无法完全令人信服，有关部门应主动介入调查，彻底还原真相。如果确有侵犯隐私现象，对负有相关责任的企业应严惩不贷。而更进一步的管理，则是对公共场所的网络直播设置规则，明确技术标准，严格管理程序。公共场所的网络直播设备则要定期接受有关部门的技术检测。

网络视频设备直播主要涉及公共场所的隐私权应当怎样保护的问题。从理论上来讲，人格权的适当克减，是符合法律要求的，即在特殊场合，为了公共利益，可以对自然人的隐私权适当地进行限制。维护公共利益安全的直播功能和作用，在不涉及侵害隐私权的前提下，是应当鼓励的。但是直播中把摄像头放到餐厅，直播就餐的每一个人，这是与公共利益无关的私人活动，涉及隐私权的保护问题。在直播平台明确提示不能侵害他人隐私权的前提下，使用设备直播的用户没有按照正确的方法去使用该设备，故意使用直播平台把隐私活动直播出去，就侵害了他人的隐私权，产生了侵权责任。同样，因为不注意而利用直播平台直播了他人隐私，也构成过失侵害隐私权。对侵害公民个人信息的行为，《中华人民共和国网络安全法》明确了相关责任及惩处标准，接下来就要看执法的日常落地。保护公民隐私、管住网络直播不能仅靠网络直播平台自律，有关部门一方面要加大对网络平台的监管和问责力度；另一方面，对侵犯个人隐私的行为要提高违法成本，从刑事责任、民事责任两方面加大惩处，方能构建起更为严密的公民隐私保护网络。

本章总结： 其实监管和企业的利益是一致的，无论是直播平台还是做秀场的运营，都要更好地进行内容升级，低俗其实并不能给平台带来利益，平台应该对政府的监管抱着非常积极的态度，直播平台对政府的定位是合作伙伴，而不是监管人。所以平台在实际和政府的对接上，应该非常主动地把违规主播的信息同步到公安部门，平台主动去同步给相关部门能更好地维护自己的利益。直播平台应在政府监管之前进行信息监管机制，从技术到人员各个方面，要比政府现在规定更加严格。

资料拓展——网络直播发展的八大痛点

1. 眼球经济驱动低俗内容野蛮生长，内容生产门槛低，监管难度大，UGC爆发和围观经济驱动色情、暴力、低俗内容野蛮生长，脱离主流价值观，难以形成长久影响力且面临封杀风险。内容低俗化加大了直播行业的政策风险，政策监管影响直播市场的热度波动，甚至在很大程度上决定直播平台的生死存亡。

2. 产品及内容高度同质化，直播平台功能架构、盈利模式趋同，直播内容的主题、风格、形式高度同质化，未形成精细化、差异化、个性化的竞争领域。内容高度同质化，主题领域类似，以游戏电竞，美女直播为主；直播形式类似，主播风格和演绎形式趋同；内容元素类似，以颜值、猎奇等内容为主。平台产品同质化，功能架构相似，平台直播界面，功能设置雷同；盈利模式一致，打赏分成为主的变现模式；平台定位类似，缺乏精细化、差异化策略。

3. 资源之争加剧变现压力，科技巨头加强对直播行业的布局，直播平台个人 IP 资源的争夺之战加剧，激烈的竞争之下，平台面临强大的变现压力，主播的变现渠道也存在局限性，市场竞争加剧，BAT 等巨头入局，资本市场青睐，直播平台进入急速发展和洗牌年，平台的生存空间受到一定压力；资源抢占加速，烧钱抢占网红主播资源、明星资源、赛事资源、节目版权资源等成为直播平台普遍竞争策略，巨额市场费用之下变现压力变大；变现模式创新，目前直播平台商业模式基本一致，通过优化平台功能，强化行业布局来创新拓展盈利模式势在必行。主播变现渠道局限，变现和交互渠道局限，一方面粉丝打赏分成仍是大部分主播最主要的经济来源；另一方面单一的交互渠道局限了主播和粉丝的关系维系，个人 IP 变现困难；变现模式的法律风险，粉丝经济主导的盈利模式使炒作、猎奇等低俗内容成为赢取关注、实现变现的主要方式，引导偏向法律风险较大。变现模式的可持续性，主播内容生产频次、质量、风格的稳定性，受众审美、偏好、观看习惯的迁移，以及法律、技术风险的不确定性，主播可持续获利难度大。

4. 长尾冗余内容的劣币驱良币，全民泛生活直播产生的大量低质 UGC，专业、高品质内容较少，视频形成的局限性加大了优质内容的发掘难度，优质主播内容被长尾冗余内容掩埋。

内容生产门槛低，相比文字、图片、视频时代的内容创作，直播内容创作与产出门槛大大地降低；传统内容生产是精细化、标准化、流水线式产出，耗时长、成本高；直播技术门槛低，对主播个人的特色要求远大于内容本身，致使低质 UGC 泛滥。

5. 内容审美疲劳与用户高开低走，限于内容稳定性、交互性、专业性等问题，可持续的优质主播内容少，很容易产生审美疲劳，用户黏性差，高开低走是常见现象。冗余内容，消磨用户耐心；交互局限，用户沉淀难度大；单平台传播，覆盖面受限。

6. 社交性和消费转化率局限，目前直播面向的受众面相对较窄，平台的长期社交关系尚未完善，维系用户黏性和引导消费成本高，转化率有待提高。

7. 传播平台演化与技术风险，技术的更新换代驱动直播场景、内容、载体形式的快速演化，直播平台面临着技术更迭风险的同时，也为法律监管带来了更大的障碍。

8. VC 追捧下行业畸形催熟，资本的迅速入局和追捧使直播行业在短时间内被迅速催熟，产业链、用户培育及监管体系都尚未成熟，造成了行业的恶性竞争和资本“泡沫”。

06 第六章
去向——互联网下的直播未来情归何处

直播行业历经近十年的发展，在国家介入监管，渡过井喷期带来的风评冰点后，于2017下半年已经正式进入平稳发展期，回归理性。

如今互联网时代决定了越是高新科技、越是方便快捷就越能得到更好的发展，经济高速发展下的市场环境十分复杂，竞争激烈，许多新兴行业抵不过强压力的产业变革，昙花一现很快消沉，但直播行业是在通过长期的积累沉淀后才在2016年得到井喷。

2017年8月下旬，由北京直播天下科技有限公司主办、三声和酸桃数据联合主办的CLBC2017第1届中国互联网直播大会在北京召开。CLBC全称China Live Broadcasting Conference，是中国直播行业迄今为止规模最大、规格最高的活动峰会。

大会以“让直播回归真实”为主题，以“规范、转型、升级、共赢”为关键词，通过发布2017年上半年直播行业最全数据报告——《2017上半年中国直播行业发展分析报告》，旨在为后监管时代的直播业提供有效参考，为到场者呈现真实的行业状况。

2017年上半年，直播平台市场规模进一步扩大，近300家直播平台，仅安卓用户下载量就高达35亿次。针对网络主播的真实收入也有数据统计，在重点监测的20家直播平台中包括泛娱乐、社交、生活、体育、秀场和游戏六大类中，游戏平台主播收入情况最为突出，仅6月一个月的平均收入就高达44万余元；体育竞技类平台主播月均收入10万元，泛娱乐和生活类则在20万元左右。

根据中国第一届互联网直播大会上发布的《2017上半年中国直播行业发展分析报告》来看，直播行业不但没有唱衰，反而以惊人的速度完成了垂直细分领域的全面渗透。与其他领域开始合作，开展电商直播、非遗直播、公益直播、政府执法监管直播等多种内容的直播，向PGC（专业内容生产）模式转型。

新经济时代互联网经济快速发展，网络直播也将转型，无论是直播内容与类型，还是商业模式和多元方向，互联网直播都将迎来新的变革。

第一节
科技要创新，互联网直播技术要突破

互联网技术从 20 世纪到今天，一直处在一个不断发展和成熟的上升期，其实网络视频直播存在已有很长一段时间，随着移动上下行带宽提升及资费的下调，视频直播被赋予了更多娱乐和社交的属性，人们享受随时随地进行直播和观看。

直播的打开时间和延迟变成了影响产品功能发展重要指标。随着互联网的发展，直播平台依托更强有力的云平台支撑，确保直播现场的流畅性、稳定性，并可进行数据统计与分析。移动互联时代参会简单方便，随时随地可利用移动设备参与相关直播会议。同时技术的发展和实现还能加强互动性，增加受众群体的互动交流，体现互联网时代的优势，并可实现网络投票调查、实时抽奖等功能；而多会场整合直播，还能进行各分会场和各参与人之间声音、视频、文字的互动交流。这些无一例外都要有好的技术框架。

1.1 重构步骤流程

录制、编码、网络传输、解码、播放是视频直播的 5 个关键流程，各个环节对直播的延迟都会产生不同程度的影响。这里重点分析移动设备的情况。受限于技术的成熟度、硬件环境等，我们针对移动场景简单总结直播延迟优化的 4 个点也就是网络、协议、编解码、移动终端，并将分四大块来一一解密 UCloud 直播云实现低延迟、秒开的技术细节。

1.2　云技术趋向化

UCloud 直播云实现接入网络优化的全局负载均衡——就近接入。实现就近接入的技术比较广为人知，就是 CDN（Content Delivery Network，内容分发网络）。CDN 包含两大核心技术：负载均衡和分发网络。随着 10 多年的演进，对负载均衡和分发的实现方式已多种多样，分发网络的构建策略通常是经过日积月累后总结出来的一套最合适的分发路由，其不是一成不变的，而是需要时刻关注调整，动态运营。

这里重点介绍下 CDN 的负载均衡技术。负载均衡是如何实现让用户就近访问的呢？其实比较普遍的实现方式是通过用户使用的 DNS 服务器来判断客户端所在的网络位置，从而返回对应的服务 IP。

实现就近访问的过程是：

S1. 用户向配置的 DNS 服务器 1. 1. 1. 0（通常是运营商指定，也称 local DNS，后面简称 LDNS）发起 www. ucloud. cn 的查询；

S2. Ldns 上没有该域名的记录，则往顶级即 Root NS 上发起查询；

S3. Root NS 返回告知 LDNS 该域名的权威解析记录在 UCloud NS 上；

S4. Ldns 向 UCloud NS 发起查询；

S5. UCloud NS 向 UCloud GSLB 服务发起查询，GSLB 发现 LDNS1. 1. 1. 0 是属于广东电信；

S6. 返回广东电信的就近节节点 IP1. 1. 1. 2；

S7. 返回 1. 1. 1. 2 给 LDNS；

S8. 返回给用户 1. 1. 1. 2，用户到 1. 1. 1. 2 上去获取直播内容。

虽然链路很长，但是每个 LDNS 上都会对查询过的域名做合理的缓存，下一个广东电信的用户再来查询的时候就可以直接返回 1.1.1.2。

架构并不复杂，关键点是如何知道 LDNS 是位于广东电信，这就涉及一个 IP 地址库。有开源地址库，也有商业地址库，可以按需求采购即可，一般价格为一年 1 万左右。

例如，直播 IP 地址库 ip 地址库 http：//ip. taobao. com/.

接口说明：

1. 请求接口（GET）：

http：//ip. taobao. com/service/getIpInfo. php? ip = [ip 地址字串]

2. 响应信息：

（json 格式的）国家 、省（自治区或直辖市）、市（县）、运营商

3. 返回数据格式：

{" code"：0," data"：{" ip":" 210. 75. 225. 254"," country":" \u4e2d \ u56fd"," area":" \ u534e \ u5317",

" region":" \ u5317 \ u4eac \ u5e02"," city":" \ u5317 \ u4eac \ u5e02"," county":""," isp":" \ u7535 \ u4fe1",

" country_ id":" 86"," area_ id":" 100000"," region_ id":" 110000"," city_ id":" 110000",

" county_ id":" -1"," isp_ id":" 100017"}}

其中 code 的值的含义为 0：成功，1：失败。这里不难看出，调度的准确完全依赖用户配置的 LDNS，而这些 LDNS 大多数是省级别的，即 GLSB 只知道用户是广东电信，但是常常分不出是广东广州电信，还是广东深圳电信。这就是 HTTP DNS 实现更精准调度的一种方式，在未来的技术领域运用会更多。对 Fig-3 技术实现形式发展来说将会是如此：

S1. 用户 1.1.1.1 通过 HTTP 协议直接向 UCloud NS 请求直播域名 www. ucloud. cn；

S2. UCloud NS 发现用户 IP1.1.1.1 属于广东深圳电信；

S3. 返回广东深圳电信节点 1.1.1.11 给 UCloud NS；

S4. 返回给用户。

HTTP DNS 的好处显而易见：一可精准获取用户端的 IP，有效地避免用户配错 LDNS（有时是网络中心配错 DNS）的情况，可更精准定位用户所在网络位置。二可避免 DNS 解析劫持。

1.3　直播云技术转化

BGP（Border Gateway Protocol）中转架构——最短传输路径可让直播变得更为流畅，也是趋势之一。BGP 即边界网关协议。为什么 BGP 中转架构对直播加速和分发如此重要？不得不提国内复杂的网络状况，即广为人知的“南电信北联通”的宽带用户分布。那一个简单的问题，电信主播发起了直播，联通的用户想看怎么办呢？从结构上来讲，电信联通两个运营商之间会有有限的交汇点，相当于信息桥梁。这些有限的交汇点带来了两个问题：

（1）路程要绕远，网络延迟高且不稳定；

（2）高峰期拥堵，导致直播流卡顿。

BGP 的技术原理简单来说就是允许同一 IP 在不同网络中广播不同的路由信息，效果就是同一个 IP，当电信用户来访问时走电信网内的路由，联通用户来访问时走联通的路由。BGP 技术对跨运营商的访问带来了巨大的便利，特别是在直播场景中。不同于传统的文件缓存场景，一个图片从源站获取时哪怕第一次跨了再遥远的距离，在本地网络进行缓存后，后面的访问可以都走本地网络。直播加速是流式的，要做到低延迟，中间的缓存要尽可能少。BGP 相当于给跨网的用户就近搭建了一座桥梁，不必绕远路，延时和稳定性就能大大提高。在国内，一般而言相同的接入运营商（电信、联通、移动）地理位置越近的情况下网络延迟越优，最优可达到小于 15ms。跨省同运营商的网络延迟为 25～50ms，跨运营商情况更复杂一些，在50~100ms。总结起来，直播当中每个包的延时可以缩短100ms，由于网络的叠加效果，反射到上层是秒级的延迟缩减。

1.4 直播应用层协议化

直播协议的选择国内常见公开的直播协议有几个：RTMP，HLS，HDL（HTTP-FLV），RTP。

RTMP协议是Adobe的专利协议，现在大部分国外的CDN已不支持。在国内流行度很高。原因一是开源软件和开源库的支持稳定完整，如斗鱼主播常用的OBS软件，开源的librtmp库，服务端有nginx-rtmp插件；二是播放端安装率高，只要浏览器支持FlashPlayer就能非常简易的播放RTMP的直播，协议详解可以Google了解。相对其他协议而言，RTMP协议初次建立连接的时候握手过程过于复杂（底层基于TCP，这里说的是RTMP协议本身的交互），视不同的网络状况会给首开带来100ms以上的延迟。基于RTMP的直播一般内容延迟在2~5s。

HTTP-FLV协议。即使用HTTP协议流式的传输媒体内容。相对于RTMP，HTTP更简单也更广为人知，而且不用担心被Adobe的专利绑架。内容延迟同样可以做到2~5s，打开速度更快，因为HTTP本身没有复杂的状态交互。所以从延迟角度来看，HTTP-FLV要优于RTMP。

HLS协议。即Http Live Streaming，是由苹果提出基于HTTP的流媒体传输协议。HLS有一个非常大的优点：HTML5可以直接打开播放；这意味着可以把一个直播链接通过微信等转发分享，不需要安装任何独立的APP，有浏览器即可，所以流行度很高。对社交直播APP而言，HLS可以说是刚需，下面我们来分析下其原理 。

基于HLS的直播流URL是一个m3u8的文件，里面包含了最近若干个小视频TS（一种视频封装格式，这里就不扩展介绍）文件，如http：//www.ucloud.cn/helloworld.m3u8是一个直播流链接，其内容是假设列表里面包含 5 个 TS 文件，每个 TS 文件包含 5s 的视频内容，那么整体的延迟就是 25s。当然可以缩短列表的长度和单个 TS 文件的大小来降低延迟，极致来说可以缩减的列表长度为 1，以及 1 秒内容的 m3u8 文件，但是极易受网络波动影响造成卡顿。通过公网的验证，目前按同城网络可以做到比较好效果的是 5 ~7s 的延迟，也是综合流畅度和内容延迟的结果。那么 HTML5 是否可以有更低延迟直接打开的直播流技术呢？这是直播技术发展迫切需要探讨这个问题。

RTP 协议即 Real - time Transport Protocol，用于 Internet 上针对多媒体数据流的一种传输层协议。实际应用场景下经常需要 RTCP（RTP Control Protocol）配合来使用，可以简单理解为 RTCP 传输交互控制的信令，RTP 传输实际的媒体数据。RTP 在视频监控、视频会议、IP 电话上有广泛的应用，能满足视频会议、IP 电话的一个重要使用体验：内容实时性强。对比与上述几种协议，RTP 和它们有一个重要的区别就是默认是使用 UDP 协议来传输数据，而 RTMP 和 HTTP 是基于 TCP 协议传输。

1.5　流媒体技术将普及

流媒体技术是互联网技术发展的方向，这也带动了直播技术的变革，流媒体直播技术包括 I 帧、B 帧、P 帧的基础知识。

I 帧表示关键帧，可以理解为这一帧画面的完整保留，解码时只需要本帧数据就可以完成（因为包含完整画面）。P 帧表示这一帧跟之前的一个关键帧（或 P 帧）的差别解码时需要用之前缓存的画面叠加上本帧定义的差别，生成最终画面（也就是差别帧，P 帧没有完整画面数据，只有与前一帧的画面差别的数据）。B 帧是双向差别帧。B 帧记录的是本帧与前后帧的差别（具体比较复杂，有 4 种情况）。换言之，要解码 B 帧，不仅要取得之前的缓存画面，还要解码之后的画面，通过前后画面与本帧数据的叠加取得最终的画面。B 帧压缩率高，但是编解码时会比较耗费 CPU，而且在直播中可能会增加直播延时，因此在移动端上一般不使用B帧。

因为对直播而言，为了减少直播的延时，通常在编码时不使用B帧。P帧B帧对I帧都有直接或者间接的依赖关系，所以播放器要解码一个视频帧序列并进行播放，必须首先解码出I帧，其后续的B帧和P帧才能进行解码，这样服务端如何进行关键帧的缓存，对直播的延时以及其他方面有非常大的影响。比较好的策略是服务端自动判断关键帧的间隔，按业务需求缓存帧序列，保证在缓存中存储至少两个或者两个以上的关键帧，以应对低延时、防卡顿、智能丢包等需求。延时与卡顿是分析直播业务质量时非常关注的两项指标。互动直播的场景对延时非常敏感，新闻体育类直播则更加关注播放的流畅度。然而，这两项指标从理论上来说，是一对矛盾的关系。需要更低的延时，则表明服务器端和播放端的缓冲区都必须更短，来自网络的异常抖动容易引起卡顿；业务可以接受较高的延时时，服务端和播放端都可以有较长的缓冲区，以应对来自网络的抖动，提供更流畅的直播体验。当然，对网络条件非常好的用户，这两项是可以同时保证的，这里主要针对网络条件不是那么好的用户，提供如何解决延时与卡顿的方案。

通常有两种技术可以平衡和优化这两个指标。一是服务端提供灵活的配置策略，对延时要求更敏感的，则在服务端保证关键帧的情况下，对每个连接维持一个较小的缓冲队列；对卡顿要求更高的直播，则适当增加缓冲队列的长度，保证播放的流畅。二是服务端对所有连接的网络情况进行智能检测，当网络状况良好时，服务端会缩小该连接的缓冲队列的大小，降低延迟；而当网络状况较差时，特别是检测到抖动较为明显时，服务端对该连接增加缓冲队列长度，优先保证播放的流畅性。丢包策略，什么时候需要丢包呢？对一个网络连接很好，延时也比较小的连接，丢包策略永远没有用武之地。而网络连接比较差的用户，因为下载速度比较慢或者抖动比较大致使延时越来越高。另外，如果直播流关键帧间隔比较长，那么在保证首包是关键帧的情况下，观看这个节目的观众延迟有可能会达到一个关键帧序列的长度。上述两种情况，都需要启用丢包策略，来调整播放的延时。关于丢包，需要解决两个问题：一是正确判断何时需要进行丢包；二是如何丢包能对观众的播放体验影响最小。较好的做法是后端周期监控所有连接的缓冲队列的长度，这样队列长度与时间形成一个离散的函数关系，后端通过自研算法来分析这个离散函数，判断是否需要丢包。一般的丢帧策略，就是直接丢弃一个完整的视频帧序列，这种策略看似简单，但对用户播放的影响体验非常大。后台应该采用逐步丢帧的策略，每个视频帧序列，丢最后的一到两帧，使用户的感知最小，平滑地逐步缩小延时的效果。

1.6　直播终端系统优化

未来基于可控和容灾的需要，移动端代码一般不会造用 hardcode 推流、播放的服务器 IP 地址，而选用域名代替。直播端口的系统会更为优化，在 IP 出现宕机或网络中断的情况下，还可以通过变更 DNS 来实现问题 IP 的剔除。而域名的解析时间需要几十毫秒至几秒不等，对新生成热度不高的域名，一般的平均解析延迟在 300ms，各个环节只要有一个通路网络产生波动或者是设备高负载，会增加至秒级。几十毫秒的情况是 ISP NS 这一层在热度足够高的情况下对域名的解析进行缓存。本省延迟是 15ms 左右，那么域名解析最低也可以做到 15ms 左右。但由于直播场景的特殊性，推流和播放使用的域名使用的热度较难达到 ISP NS 缓存的标准，所以经常需要走回 Root NS 进行查询的路径。那客户端解析优化的原理就出来了，即为本机缓存域名的解析结果，对域名进行预解析，每次需要直播推流和播放的时候不再需要进行 DNS 过程。此处节省几十毫秒到几百毫秒的打开延迟。

播放更为优化，直播播放器的相关技术点有：直播延时、首屏时间

（指从开始播放到第一次看到画面的时间）、音视频同步、软解码、硬解码。参考如下播放流程：

播放步骤描述：

S1. 根据协议类型（如 RTMP、RTP、RTSP、HTTP 等），与服务器建立连接并接收数据。

S2. 解析二进制数据，从中找到相关流信息。

S3. 根据不同的封装格式（如 FLV、TS）解复用（demux）。

S4. 分别得到已编码的 H. 264 视频数据和 AAC 音频数据。

S5. 使用硬解码（对应系统的 API）或软解码（FFMpeg）来解压音视频数据。

S6. 经过解码后得到原始的视频数据（YUV）和音频数据（AAC）；因为音频和视频解码是分开的，所以我们得把它们同步起来，否则会出现音视频不同步的现象，如别人说话会对不上口型。

S7. 最后把同步的音频数据送到耳机或外放，视频数据送到屏幕上显示。

了解了播放器的播放流程后，我们可以优化以下几点：

首屏时间优化从步骤 2 入手，通过预设解码器类型，省去探测文件类型时间。

从步骤 5 入手，缩小视频数据探测范围，同时也意味着减少了需要下载的数据量，特别是在网络不好的时候，减少下载的数据量能为启动播放节省大量的时间，当检测到 I 帧数据后就立马返回并进入解码环节。

直播延时优化视频缓冲区或叫视频缓存策略，该策略原理是当网络卡顿时增加用户等待时间来缓存一定量的视频数据，达到后续平滑观看的效果，该技术能有效减少卡顿次数，但是会带来直播上的内容延时，所以该技术主要运用点播，直播方面已去掉该策略，以此尽可能去掉或缩小内容从网络到屏幕展示过程中的时间（有利于减少延时）。下载数据探测池技术，当用户下载速度不足发生卡顿，然后网络又突然顺畅，服务器上之前滞留的数据会加速发下来，这时为了减少之前卡顿造成的延时，播放器会加速播放探测池的视频数据并丢弃当前加速部分的音频数据，以此来保证当前观看内容延时稳定。

推流优化。推流跟播放其实是逆向的，具体流程就不多说了。优化一为适当的 Qos（Quality of Service，服务质量）策略，推流端会根据当前上行网络情况控制音视频数据发包和编码，在网络较差的情况下，音视频数据发送不出去，造成数据滞留在本地，这时，会停掉编码器防止发送数据进一步滞留，同时会根据网络情况选择合适的策略控制音视频发送。比如网络很差的情况下，推流端会优先发送音频数据，保证用户能听到声音，并在一定间隔内发关键帧数据，保证用户在一定时间间隔之后能看到一些画面的变化。优化二为合理的关键帧配置。合理控制关键帧发送间隔（建议 2s 或 1s 一个），这样可以减少后端处理过程，为后端的缓冲区设置更小创造条件。

软硬编解选择，网上有不少关于选择软解还是硬解的分析，这里也介绍一些经验，根本问题是没有一个通用方案能最优适配所有操作系统和机型。推流编码推荐 Andorid4. 3（API18）或以上使用硬编，以下版本使用软编；IOS 使用全硬编方案；播放解码为 Andorid、IOS 播放器都使用软解码方案，经过大量的测试以及总结，虽然牺牲了功耗，但是在部分细节方面表现会较优，且可控性强，兼容性也强，出错情况少，推荐使用。

实际情况最好的编解码效果是需要根据机型适配的，由于 IOS 的设备类型较少，可以做到每个机型针对性的测试和调优，但是对 Android 就非常难做到逐款机型针对性调优，更何况每年都会出产不少的新机器，如果代码中写死了配置或判断逻辑将非常不利于维护和迭代。所以就产生了云端机型与网络适配的技术。终端在推流、播放前会获取通过协议上报当前的机型配置、网络情况、IP 信息。云端会返回一个已最适合的编解码策略配置是走软编还是硬编、各项参数的配置，就近推流服务的IP，就近播放服务的IP。终端获取一次即可，不需要每次推流、播放前都去获取一次。这样，不断迭代和完善机型编解码适配库的同时，所有使用该技术的直播APP都将收益。

总之，分析很多直播后端、终端关于低延迟、秒开的优化技术，在UCloud直播云上都已有了相关的实践，都是一些较"静态"的技术。实际提供稳定、低延迟、流畅的直播服务，是日常中非常大量细致的监控、算法和动态运营的结果，并不是实现了某些技术点就能坐享一套稳定的直播服务，只能说是完成了万里长城的第一块砖。

1.7 直播链条技术

一个是CDN分发策略，一个是P2P技术。CDN分发策略指的是对一个源（文件或直播流），如何快速分发到成百上千的边缘节点；对直播来说，一种策略是全连通结构，一种是树状结构。实际上，大型应用或商用的CDN网络，在做内容分发时并不是使用上面所讲的传输协议。例如，对RTMP接入流，就用RTMP协议；而对HTTP－FLV接入流，就用HTTP协议，将数据从源分发到边缘节点；实际的做法是将所有接入流数据进行私有协议的转封装，然后再用自己开发的私有（如基于UDP）传输协议进行分发，这样才能做到多业务兼容和扩展，以及减少开发和运营成本。而全连通结构的特点是一方面结构扁平化，所有的服务器位置平等，全连通。另一方面是被动触发，意思是系统先分配一个离用户最近、网络最好或负载最小的边缘节点给用户，如果这个节点有数据，则从这个节点取数据；如果这个节点没有数据，则从离他最近、网络最好或负载最低的有数据的节点（或源节点）取数据，再转给用户。当节点间数据传输的链接建立后，会一直保持，直到整个分发完成或直播结束。此外数据传输速度快，因为他的网络结构扁平，级数少，可以做到分级缓存，分层管理；可以利用内存来处理数据，便于小文件效率高，适合小规模（如秀场等，并发量在 10W 以下）直播。

它的结构扁平，经过优化，延时可以做到 2 秒以内；树状结构的特点是：

（1）树状结构能避免环路和孤岛。

（2）使用 TCP 长连接，可以以帧为最小单位传输。

（3）在策略上，可以将网络质量差的节点自动挂载到树的下层。

（4）树的根节点、主干和支节点都不提供对外服务，只在叶节点提供对外服务。

这样做最大可能地保证了骨干网络的传输快速和健壮。

（5）树要预先建立，并将内容提前分发，这样的话树的建立需要一定的时间。

（6）适合大规模（如大型节目，NBA 等，并发在 10W 以上）的直播。

因为它的分发结构是树状多层，每层都会带来延时，经过测试，它的延时通常在 2 秒以上。P2P 技术对直播体验也有影响，应当说，只有大型直播采用 P2P 才有价值，因为 P2P 的特点是观看同一场直播的用户越多，能分享的 Peer 也就越多，也就越流畅。它的引入，对直播来说通常有超过 5 秒以上的延时；因为要实现 P2P，就需要将流缓冲，以切成文件，再做分享。

第二节
互联网要让直播不是简单经济，更是多重内容文化

2.1 行业完成洗牌后“内容依然为王”

对直播行业来说，未来将是内容为王的时代。全民直播副总裁张云龙就曾指出，直播已成为手机上除了拍照、录像之外的第三个常用功能，说明直播这一产业未来一定有很强的生命力。但是巨大的市场前景靠什么内容来支撑？对比此前人们印象中的网络直播平台，直播喝辣椒油、直播睡觉……那些靠“秀下限”走红的主播，其实都只是获取了一时的流量，却成了行业的“痛点”。

随着监管的进一步加强，如何在监管范围内寻找新的内容增长点成为直播平台突围的方向。直播平台的内容五花八门，正多元化地满足用户不断细分的娱乐需求。在以主播提供内容为主的直播行业中，已经有不少直播平台采取了另类的内容提供模式来吸引用户的关注。以百姓网为例，其抓住当前饲养宠物热潮，尝试通过直播方式来打赏萌宠博主或宠物店铺，隔空养狗或猫，不仅为用户吸引数万名网友实时在线观看收获了不菲的打赏金额，同时也为平台带来了新的增长点。

直播平台要生存，首先要有内容。在业内人士看来，内容早已成为直

播平台唯一的生存标准，而在经历了百团大战的直播平台竞争洗牌后，直播平台也开始进入“下半场”，如何寻找合适的内容来吸引用户成为新的命题。

2.2　正向价值观内容将受平台青睐

2.2.1　正能量声音更大

一边是受众对直播内容的“饥渴”，另一边则是监管部门对以往“野蛮生长”时期低劣内容的严管，直播平台们也开始意识到，在直播行业进入“下半场”的竞争后，直播内容的比拼也进入了“良币”驱逐“劣币”的时代，精品直播内容的输出成了传递社会主义核心价值观的新阵地。其实如今包括粤剧、京剧、潮剧等传统文化相继被搬上了网络直播平台，通过高清直播传统文化演出，连接互联网年轻用户，是一种最有效的文化传承方式。

与此同时，网络主播的阵营也加入了不少传统文化爱好者，曾被央视报道的76岁“电子笛老人”李开显，是酷狗直播平台上的一名主播，吹拉弹唱无所不能，在平台打造出一片特色民俗文化领地。平台另一位“励志女神”梦璃则是一位因患小儿麻痹症无法站立的残疾主播，曾经自卑的她，在网络直播平台得到粉丝的称赞和鼓励，仅靠一根网线，就让梦璃的直播间时时充满正能量。

作为全国首家开启《正能量》板块的直播平台，斗鱼直播更是开创了包括“直播＋政务”“直播＋党宣”“直播＋红色旅游”“直播＋非遗”“直播＋农业”等多种网络直播模式。随着正能量版块的不断壮大，很多新增用户的不断涌进，强大的正面舆论场迅速扩张，有效地建立起积极健康的网络环境。

2.2.2　直播平台践行公益心

斗鱼和映客直播在公益与正能量方面表现突出。

斗鱼直播的4位明星主播FLY、王慕霸、何涛涛、张博涵参加斗鱼公益行活动，前往遥远的新疆维吾尔自治区策勒县固拉哈玛乡。在过去的几天时间中，他们来到这个位于塔克拉玛干沙漠南缘的小镇，化身助教，为当地的孩子们传授知识，播种快乐。

4位主播赴新疆课堂，以直播传递公益，4位明星主播在经历了长达十余小时的旅程之后，入住了距离支教目的地20公里的酒店。虽然路途遥远，但是想到在未来的3天时间里，迎接他们的是一群充满阳光的孩子，明星主播们既兴奋又紧张。来到学校化身为助教的4位明星主播，一开始便被孩子们的热情感动，三天的支教过程中主播们在课堂上给当地孩子们传授地理、海洋等课堂知识，在趣味性的授课过程中，开拓了孩子们的视野。

除此以外，4位明星主播还与学生们进行了趣味性的互动，一起踢足球、打篮球，参加拔河活动，在这个过程中，主播们也在潜移默化地培养学生们团结和勇敢的精神，并在参与中用行动鼓励他们。

在几天的支教过程中，明星主播们不仅给学生们带来了知识和快乐，自己同样收获了成长。他们走访了当地的贫困家庭，帮助这些家庭分担农务、干农活。而通过直播，广大的网友也在屏幕前也与4位主播一起了解了当地贫困家庭的主要困难、需求，切身感受到他们的不易和积极的生活态度。

让更多人加入是"直播+公益"的社会责任。从20世纪90年代开始，去偏远地区支教就成为中国最重要的公益事业，在偏远地区，由于教育资源匮乏，当地的适龄儿童没有上课的地点和老师，因此，从那时候起就有来自全国各地的不同组织开始组织起支教的活动。

与传统意义上的支教有所不同，斗鱼直播支教之旅有效地利用了新兴的媒体平台，通过直播的手段将支教过程中的一点一滴真实展现在大众面前。以往，只有极少数的人深入了解过支教，而多数人并不清楚支教的重要作用，而这一次借助直播媒体的力量，让更多的人了解并正确地认识了支教，这种新兴业态大大降低了公益认知的时间成本，将有利于更多的人参与到公益中来。

据统计，本次支教在斗鱼直播平台上最高有 86 万用户同时在线观看，更多的人将通过这次活动最终加入到支教行列中。据悉，斗鱼自 2016 年就开始以“直播 + 公益”的形式助力公益事业发展，公益主题也涉及环境、扶贫、志愿者等多个方面。

此次“网红主播 + 支教老师”的形式深入课堂，在网上同样引发了强烈反响，斗鱼直播也有计划地将支教行活动做成持续性的公益行为，更频繁地展开主播支教，让更多人通过直播平台认识支教，鼓励更多的人参与其中，给予偏远地区的孩子们更多的支持。

映客引领全新公益形式，2017 年 7 月湖南的特大洪灾牵动大众的心，映客直播在第一时间通过芒果 V 基金捐赠 100 万元善款用于灾后重建，积极承担企业的社会责任。

随后，映客用户 Sunlike 知晓灾情后，主动联系映客平台，与映客公益事业负责人共同商讨，“一拍即合”决定一起前赴灾区，带领自发组织起来的公益团队，亲自将物资与善款送到受灾群众手中。

不仅如此，Sunlike 将百万月收入全部用于公益，坚持亲力亲为，集结映客粉丝、用户组成支援团队。做为主播中的一股公益清流，被媒体称为“中国公益主播第一人”。这此次直播中，首次公开了由映客联手二更文化、芒果 V 基金及直播未来文化发展基金制作的映客用户 Sunlike 的公益行纪录片，记录了这份感动和公益之心。

用“真实”呈上真诚。此次“映客公益”科普直播采用了游戏直播的双屏直播模式，一个多小时的直播中，观众热情高涨，映票礼物刷不停，这种火热的场面得益于映客真实地公益捐赠。

据主播介绍，“小映帮我”映客号里收入的所有映票，都将按照 1 映票 1 毛钱的比例全数用于公益事业。并且，无论在哪个直播间，只要点击

“小映帮我”礼物，每点击一次，映客平台都会向公益事业捐出一分钱。如此简单直接的公益方法，让那些热心公益却没有渠道，或者不放心做公益的人群，重燃对公益的热情。

映客作为国内最大的移动直播平台，加之互联网的实时性、连通性、共享性、海量性的特点，让公益项目自发起的那一刻到结束都是透明的，都处在“直播中”的状态。

直播是全新的公益形式，让公益更透明，“直播+公益”是映客“直播+”战略下重要的一环，从未停歇。映客直播的“小映帮我”，以“分享最微小的故事，上映最真实的温暖”为宗旨，通过自身行动让公益更透明，联动明星、主播、网民向各大公益机构共同践行公益。截至目前，映客已经累计向公益事业投入善款近千万元。其中，“小映助学”是为应届高中毕业生设立的助学慈善项目，致力于帮助成绩优异被大学录取却无力负担学业和生活开支的入学新生，减轻他们的经济压力，安心在大学继续深造学习。“小映读书”“小映唱歌”是为社会留守儿童、贫困地区儿童设立的关爱慈善项目，通过提供经济援助、提供硬件及软件教育设施、提供图书资源等方式，搭建精神文化发展基地，开展各类青少年文体活动，关心留守儿童和贫困儿童的心理健康及情感需要，帮助他们更好地成长，还有“小映帮我”“小映唱歌“等多种公益项目。

映客公益也将越走越远。映客直播公益项目只要产生捐助行为，其款项就是“有迹可循”的。以直播的形式让公益活动告别“盲捐”，使捐助变得更加地公开透明，在最真实的环境里传递感动和希望。据主播透露，映客樱花女神的公益女神即将开启新的公益之行包括新的“助学项目”，“小映书柜”与“小映课堂”，这些活动都将用“直播”的方式，与媒体、大众共同记录公益之旅。映客积极地承担社会责任，倡导“直播+公益”的正能量，将全民直播的影响力最大化，号召更多地映客用户加入到公益这条“阳光”之路上。

第三节

互联网合规化牵手直播发展，为其形成正确引路

3.1 持证上岗规范化

早在2016年，多家从事网络表演的主要企业负责人，曾共同发布《北京网络直播行业自律公约》，承诺不为18岁以下的未成年人提供主播注册通道。但实际上，限制未成年人注册成为主播的效果并不佳。

媒体报道中，就有网络直播经纪人梳理了诸多绕过实名制认证的环节。比如，使用非本人证件，认证刷脸时找身份证持有者本人就可以通过。这足以说明，净化直播平台，仅靠市场自我调节和行业自我约束是不够的，监管部门需尽快跟进法律追责。2017年6月1日实施的《网络安全法》，对加强个人信息保护和惩治非法买卖个人信息等方面做出明确规定。

该法规强调网络运营者需要建立一套健全的用户信息保护制度，凡收集、储存、处理和转移个人信息，应明确与被收集者沟通，并在进行上述操作前得到被收集者同意。对照此规定，摄像头直播风波中涉及的个人信息，只有当用户知晓并同意或者对隐私信息进行了不可还原的处理后才能提供给他方。

尤其是在这个“农村小伙直播种地月入10万元”的年代，这种鲜活

的直播内容必定“吸睛”无数。摄像头与人眼不同，可以截图、近距离观察，一旦有些视频画面涉及银行卡买单的场景，信息泄露可能造成的后果就会难以评估，而平台和商家通过这个方式获利却是板上钉钉的事实。

根据《网络安全法》，未履行网络安全管理职责的违规者不但会受到行政处罚，如被责令暂停相关业务、关闭网站、吊销相关业务许可证或营业执照、企业或相关人员被处行政罚款等，若违规情节严重，还可依照《刑法》追究相应刑事责任，如有期徒刑、拘留或刑事罚金等。具体追责，主要视泄露用户信息导致后果的严重程度来定。既然有法可依，期待监管部门的法律追责可以尽快跟进。而面对此类事件，除了寄希望于行政和司法问责，关心个人信息安全的个体也应该保护好自己的隐私，面对无处不在的摄像头要多一个心眼。对商家和平台而言，则不要因新的商业模式带来的一时利益头脑发热，在日益注重隐私权的今天，“剑走偏锋”终究要付出代价。

广电总局要求直播平台和个人“持证上岗”，等于宣布没有取得许可证的机构和个人当然也包括大量网红，如果继续从事直播，就处于违法状态。

2016 年 7 月，文化部出台《文化部关于加强网络表演管理工作的通知》，并公布对一批网络表演平台的查处结果，斗鱼等 26 个网络表演平台被查，16881 名违规网络表演者被处理。

从法律角度来讲，广电总局要求直播平台和个人“持证上岗”，等于宣布没有取得许可证的机构和个人，当然也包括大量网红，如果继续从事直播，就处于违法状态。从网络治理的大背景来看，直播平台“持证上岗”是实现常态化管理的必然趋势。

“持证上岗”是中国互联网治理过程中政府一直强调并写进各种法律和行政法规中的基本要求。然而，过去互联网生态的复杂多变导致政府监管一直处于被动滞后状态，许多许可制度和法律法规也无法在实践中实施。国家新闻出版广电总局下发《关于加强网络视听节目直播服务管理有关问题的通知》(以下简称《通知》),重申相关规定,要求网络视听节目直播机构依法开展直播服务。《通知》指出,开展网络视听节目直播服务应具有相应资质:

一是通过互联网对重大政治、军事、经济、社会、文化、体育等活动、事件的实况进行视音频直播,应持有新闻出版广电行政部门颁发的《信息网络传播视听节目许可证》且许可项目为第一类互联网视听节目服务第五项。

二是通过互联网对一般社会团体文化活动、体育赛事等组织活动的实况进行视音频直播,应持有《许可证》且许可项目为第二类互联网视听节目服务第七项。

不符合上述条件的机构及个人包括开设互联网直播间以个人网络演艺形式开展直播业务但不持有《许可证》的机构,均不得通过互联网开展上述所列活动、事件的视音频直播服务,也不得利用网络直播平台(直播间)开办新闻、综艺、体育、访谈、评论等各类视听节目,不得开办视听节目直播频道。未经批准,任何机构和个人不得在互联网上使用“电视台”“广播电台”“电台”“TV”等广播电视专有名称开展业务。据《2016—2021 年视频点播或直播行业市场竞争力调查及投资前景预测报告》发布的数据,截至 2016 年 5 月 31 日,广电总局共颁发 588 张许可证。这些持证机构大多为新闻出版、企事业单位、大型视频网站等。在直播领域,目前腾讯、优酷土豆、爱奇艺、乐视等综合性网络视频平台与旗下直播平台共用同一个《许可证》。

3.2 风口之后稳健前行

针对“直播风口”,业内专家呈现两种不同的观点,一种比较普遍的观点认为,2017 年依然是直播的风口期,但资本和竞争将更多地集中在垂直细分领域；另一种相对少数的观点则认为2017年直播的风口期已经过去，从业者和投资人的进入应该更加冷静和审慎。2017年直播更加深入到互联网的各个领域，继续成为各个平台创收、变现、“造血”的一种标配方式。其实内容是直播变现的“利器”，只要这个属性存在，资本就会持续进入。吴世春用投资行为证实了他对直播行业的看好，梅花天使创投在国内投资了果酱直播、小圈直播，在日本、泰国等地的直播行业亦有涉猎。

获得C轮15亿元投资的斗鱼直播一直是媒体关注的焦点，其创始人兼CEO陈少杰更进一步地分析了资本选择直播行业的逻辑。他认为在形式上，网络直播改变了信息的传输方式和用户的社交方式，是比图片、文字更加有力的传播途径，因此开拓了经济增长的新极点；在内容上，网络直播改变了生产与消费的连接方式，意味着内容生产者可以更加迅速地抵达消费者，而不需要经过中间的媒体渠道；在变现上，依托便捷的互联网支付渠道，用户的打赏和购买行为可以迅速完成，进而可以帮助直播平台形成稳定的现金流。针对具体的投资趋势，资深直播专家吴世春认为2017年留给平台型的网络直播的机会已经不多了，“再造一个映客基本不可能”，但直播与更多行业结合的机会、融入其他互联网平台的机会还是有的。同时，他还建议关注网络直播这种商业模式在海外的复制。缔造了小咖秀、一直播两款产品的一下科技联合创始人雷涛则直言，“大型的直播平台的江湖地位在2017年基本奠定”，他同样提示围绕直播的周边产品、优质内容和用户运营的机会还非常多，依然有可为空间。

易观分析师王传珍则提出了与上述观点截然不同的看法，她认为2017年不再是直播的风口期，而是业务形态和商业模式趋于稳定的过渡时期，投资者和从业者对直播市场的入局趋于理性和谨慎；而君联资本执行董事邵振兴同样认为，资本投资直播领域最迅猛的时期已经过去，不存在大量资本的涌入，即使投资也是跟投或者PE阶段。“不仅仅是直播，超过图片、文字的更丰富的媒体展现形式、交互形式，都有很大的商业空间，我们会持续在音视频领域投入，不只局限于直播行业。”陌陌副总裁贾维说。陌陌是第一家试水直播的互联网社交应用，显然他们对未来也拥有比直播更大的野心。

3.3　多元化发展明显

互联网本身就是多元化发展的过程，如今的互联网产业内容更加多元，模式更加讲究低成本和精细化运营，而挖掘更大层面的资本潜力也是大家应该追求和把握的。网络直播虽然爆发于秀场和游戏这两种模式，但并没有发挥其真正的价值，如今遭遇的困境让越来越多的网络直播平台开始将目光转移到新的盈利模式上，直播平台仍有继续深挖的价值。

首先，平台应以守为攻，严把内容关。内容同质化是直播行业加速洗牌的重要诱因，低质的内容已经无法为平台带来有价值的流量，反而容易增加不必要的政策风险。比如吴咏宁坠亡事件引发舆论高度关注，媒体也纷纷指责直播平台为吸引流量而放任这种行为，没有及时切断信号。可以看出此类事件虽然短时间内可以赢得大量的关注，却也存在一定的风险。所以，平台应该加强监管，避免因此类事件导致平台被封。

其次，精细化运营，降低不必要的成本开支。在外援不力的情况下，如何节省成本保持正常运转考验着一个平台的经营能力。竞争环境的恶劣使主播的签约价格越来越高，除了继续签约一些有实力的主播外，平台应该在原有的资源上继续挖掘具有增长潜力的主播，并在此基础上与上游企业积极展开合作，降低宽带成本的开支。

再次，与电商合作也可以减少平台经营压力。一直以来在传统电商中，电商都采用图文的方式向用户传递商品信息，更多则通过商家的推销和买家的分享来进行单向传播。而电商网红直播可以打破原来一对一的导购角色，一对多为顾客详细地讲解产品，解答各种问题，用户能够在第一时间和网红无时差地进行交流，为用户创造一种参与感和临场感，拉近买家与卖家的距离，提升电商的购物体验。从其投入和效果对比而言，直播电商能较好地降低商家的成本。对平台来说，“直播 + 电商”的形式不同于传统直播平台中靠收取虚拟礼物折现，除网店给的基本工资外，主播们的收入主要靠销售商品拿到提成赢利。而直播平台也可以从中获取利润，减少平台的经营压力。

最后，深耕垂直领域，挖掘长尾收益。直播作为一种全新的实时交互形式，与诸多行业场景存在融合创新的可能性，不仅仅适合电竞秀场等领域，还可以向旅游、医疗、教育等场景服务延伸。尤其是以内容驱动型的教育直播更是不容小觑。视频直播改变了传统的教育模式，人们在学习时已不再受到时间和地域的限制，可以借助移动互联网随时随地进行获取知识。随着以颜值为基础的秀场直播模式逐渐“退热”，越来越多的人更愿意为知识买单，具备专业知识技能的网红也将成为平台的宠儿。

总体而言，直播作为一种可视化的社交工具，已逐渐融入各个领域，秀场和游戏直播将不再是视频直播的主场。除了提升用户体验，持续输出优质内容外，深耕垂直细分领域挖掘更多的盈利模式，也是直播平台的长久生存之道。

3.4　网络直播行业方向趋势

“直播，向左是娱乐，向右是社交。”分析师王传珍曾经精准的对未来的直播发展方向进行了概括。陌陌、微博、QQ、映客相对而言，更侧重社交关系和流量转化，辅之以内容；而 YY、斗鱼则相对侧重于准专业内容（PUGC）和自制综艺的开发。另外，同样受资本追捧的还有“直播 +”类应用，即直播和垂直类行业的结合。吴云松将网络直播的未来发展趋势概括为四化：一是社交化，从本质上来说，直播是领先微信、微博的新一代社交形式，更具有社交功能的产品会持续获得关注；二是内容化，直播将演变为一个产业，产业链布局越齐全、调动资源的能力越大、平台可承载的内容和造星功能越多，则越容易成功；三是垂直化，直播正快速向垂直领域延伸，除了传统的游戏直播，“直播 + 电商”“直播 + 体育”“直播 + 在线教育”等形式将变得越来越多且趋于成熟；四是广告平台化，直播延伸出来的商业价值将得到体现。

一直以赚钱著称的 YY LIVE 提出，再次变现能力将成为直播行业的“大考”。虽然突破性的独创了打赏这种盈利模式，但 YY LIVE 却认为突破目前虚拟打赏这种单一变现模式，或许将成为直播行业的一个考验。但在资本层面，吴世春对网络直播的盈利模式持乐观态度，“现在直播还在投入阶段，在抢市场份额、在建立基础设施包括丰富更多的收入模式，从长期看，直播的盈利模式是不成问题的。”

尽管直播竞争非常激烈，但前景仍被看好。微吼直播创始人、CEO 林彦廷曾经指出，脱胎于秀场模式的直播服务有天然的弊病，目前还处于赔本赚吆喝的阶段，盈利模式并不清晰。

挚金资本创始合伙人杨溢依然认为，在直播平台数量急剧增长以及同质化越来越严重的情况下，许多直播平台为了追求高估值，不管投入先跑流量，导致大量直播平台在恶性竞争中使用虚构流量数据这一招。直播平台将迎来一轮洗牌。“在政策监管趋严和融资环境变冷的状况下，再加上腾讯、阿里、百度、小米等巨头们开始进入这个行业，现在线上的直播平台最后可能只剩下二三十家。”

林彦廷认为，视频直播现在才刚拉开大幕，未来将影响各个方面，所带来的变化会切入到各个细分领域。金沙江创投合伙人朱啸虎认为，从现在来看，移动直播是今年大风口的趋势已非常明显，直播有可能成为所有网站的标配，更重要的是，直播赛道能够诞生百亿美元级别的公司。

杨溢也认为直播平台如果能够创建一些优质内容，“90 后”“00 后”养成的付费习惯会愿意为这些平台买单。资深互联网评论人士林丰蕾认为，直播已经开始走入主流，在全民性的事件中，如果技术足够成熟，直播这种形式，再加上 VR，或能够颠覆掉电视的媒体传播形态。

移动直播发展潜力巨大。根据数据显示，2015 年中国直播行业市场方面，传统秀场是当前主流，收入占 70.8%；移动直播占 3.1%。随着移动直播的逐渐兴起，到 2018 年移动直播收入将在整体直播市场收入中占 34.6%。越来越多的人群涌入网络直播行业，会使网络直播行业快速发展，但同时也会滋生很多问题，未来直播行业的发展趋势必然是充满机遇和挑战的。

综合多家观点，具体可以阐述为，核心区域是专注直播的大型平台，会有两到三家具有突出优势的，如专注综合类娱乐直播平台 YY LIVE、社交类视频直播平台映客、以综艺和游戏直播为主打的斗鱼直播等；第二圈层是与原有的强流量平台进行联合的直播平台，如一直播之于微博、淘宝（天猫）直播之于阿里，NOW 直播之于 QQ，这些直播将成为传统大型平台的重要补给；最外层则是垂直类直播平台，如教育直播、旅游直播等。如同 2006 年，美国总统候选人接见选民，人们纷纷拿出手机捕捉两位候选人；2016 年，同样是总统候选人接见选民，大家纷纷背过身体，为的是将总统候选人和自己放进同一个取景框，方便直播。也许现在探讨直播的商业模式、未来想象和盈利空间还为时尚早，但美国大选的对比图，却直观地告诉我们，生活正在被直播改变。

第四节
跟随互联网走向合并互交时代

在互联网行业，“分久必合，合久必分”的态势体现得尤为明显。长达半年的打车大战之后，滴滴、快的合并；激烈拼杀的大众点评、美团最终达成战略合作。无独有偶，直播领域亦曾历经“千播大战”，如今也面临头部平台惨烈厮杀的境况。因此，不少人认为直播必如同打车、团购行业一样，将进入合并时期。

4.1 直播行业进入合并时期

花椒直播、映客、一直播三大泛娱乐移动直播平台总使用时长占比超八成，头部平台的集中态势日益明显。而根据中国互联网络信息中心的统计数据显示，截至2016年12月，直播行业用户规模已经占据中国互联网用户近47.1%的比例，增长率在2017年大幅下降。也就是说，直播市场的余量已相对狭小，头部平台市场份额的增长无疑会趋于缓慢。

据《2017—2022年中国视频点播或直播行业发展前景分析及发展策略研究报告》显示，在这种情况下，2017年5月，多家头部直播平台均获得巨额融资。其中，花椒直播更是独揽10亿元资金，大量资本的注入势必会将平台之间的竞争推向新高潮。而经过观察发现，这些头部平台，不论是游戏直播还是泛娱乐直播均以综合平台为发展方向，这必然会形成惨烈的拉锯战。比如，花椒直播在娱乐资源的基础上，一方面推出《卡拉偶客》直播版、《天黑别关灯》等优质PGC节目；另一方面还大举进军游戏领域，并宣布投入1亿元人民币用于游戏内容的引入和游戏主播的扶持，开始全方位发力挖掘多元化优质内容，打造"一站式"直播平台。游戏直播如斗鱼直播则引入自媒体节目《大飙车》，丰富平台全品类直播内容；熊猫直播提出"内容为王"，上线《Hello！女神》《小葱秀》等诸多优秀节目，趋同的发展方向则将带来硬对硬的正面战争。

市场余量狭窄，行业增速渐缓，再加上趋同且激烈的头部竞争，显然，头部平台难以迅速拉开差距，这必将是一场持久战。处于资本逐利本性，直播平台背后的强大资本力量必将效仿打车、团购行业谋求合并，快速拉开与其他平台的差距，从而形成直播行业里的"巨无霸"。花椒直播副总裁郭鹤也表示："资本推动下，直播行业未来并不排除会如同滴滴、快的一样产生竞合，从而为行业带来全新的气象。"

4.2 互动形式提高直播社交体验

以花椒直播为例，平台通过后台数据的打通，将智能硬件产品"喷喷别闹"与虚拟礼物结合，推出全新互动玩法。在最近颇受关注的"刷墙运动"中，花椒直播更是打出"花椒花椒，直播社交；美女帅哥，等你来撩"的标语。花椒直播向社交方向发力还将获得大量资金支持，郭鹤在近日曾表示，刚刚完成的B轮融资将重点发展社交，未来花椒将在运营和产品上进行一系列的举措用于发展视频社交。随着直播行业驶入平稳增长期，媒体中频见唱衰直播的声音，但其实直播行业仍然存在巨大的想象空间。只不过已经度过风口期的直播行业，再也没有"猪都能飞起来"的可能，而是变为以花椒直播为代表的头部平台在内容和社交层面的发力与竞争，进而推动直播行业在下半场持续发展。

第五节 欲执牛耳者，新商业模式或将发力

直播市场的前景毋庸置疑，据中国互联网信息中心的最新数据显示，国内直播用户达3.25亿人，占国内网民的45.8%。如此庞大的用户群体必然能带来可观的经济——业内预计，直播市场到2020年总产值将超过1000亿元人民币。这么大一块蛋糕，人人皆想食之，可用何种方式才会显得吃相优雅，并能吃到更多蛋糕，或许可以从以下三个方面着手：

(1) 流量变现。

如何将庞大的流量进行商业价值的深度挖掘，是直播平台的核心诉求。

硬广和软广是最直接粗暴的方式。硬广很好理解，就是在直播平台上的显著位置植入广告。2016年，映客一则内容营销套餐开出2000万元天价引起轩然大波，开屏广告刊例更是达到微博的26倍。直播平台将重心转移到商业变现方面是直播下半场的主要策略，但硬广刊例价对品牌方来讲最重要的还是寻求性价比，硬广售卖不应该是平台发力的主要方向。软广拼的是创意，通过直播间品牌定制装饰墙、直播打赏礼物等场景化的构建方式，能够弱化广告感，增加品牌情感。例如，在2016年奥运期间，一直播联手脉动定制“脉动金币”礼物，在全站实现品牌强力曝光，借势奥运

热点，多个热门直播间出现脉动金币，用户每刷一份礼物，就是一份广告，直播间有多少观看，广告就达到多少曝光，对品牌而言，无疑是一个更好的选择。

整合营销。实际上，无论是硬广还是软广，都停留在传统广告售卖层面上，没有体现出直播平台独有的优势。而整合营销，在目前看来，很有可能成为未来直播平台的主要营收方式。利用直播打造营销盛会的方式，能精准地将产品和广告信息传递给用户，达到平台、品牌、用户三方共赢。或许不少人对直播广告的普遍认知是，直播广告是做不起来的。因为直播是注意力经济，人们关注的自然是主播，没有人想去看广告。2016 年 8 月，柳岩通过淘宝直播 10 分钟，卖出了 2 万件核桃、4500 件柠檬片和 2000 多件面膜等。同样，在一直播上，喜剧明星沈腾和马丽登上一直播玩了次场景营销，3 万份金龙鱼产品在 15 分钟内售罄，更有一直播一小时卖出美的空调一天的销售额、一场直播售出 15 万份威露士洗手液等例子，不胜枚举。

其实对整合营销而言，拼的是平台资源。回看一直播与欧丽薇兰的活动，邀请了沙溢胡可、陆毅、鲍蕾两对夫妻在一直播上直播还原"锋味菜"，线上通过明星、一直播、微博三方宣传，线下通过分钟广告覆盖办公楼与公寓，整合线上线下成一个闭环，明星直播现场代言式导购，再导流到销售平台，搭建起"直播 + 明星 + 电商 + 分众 + 微博"的矩阵，两场直播总计收获了 6000 万粉丝互动。而对于一直播而言，还有一个撒手锏，其与同公司秒拍、小咖秀两款产品形成的联动效应，直播中观看量、评论量高的地方通过后台自动捕捉剪辑到秒拍、小咖秀上进行二次传播，品牌传播效果裂变式增加。

（2）UGC（用户原创内容）。

直播平台内容同质化现象众所周知，在直播市场，除了游戏、秀场和泛生活之外，实际上直播平台还有财经、母婴、创投、旅游等海量垂直内容缝隙可供挖掘。实际上，目前直播市场上，诸如陌陌、映客和一直播等平台已经在这些细分领域有所行动。比如，陌陌利用自家的社交平台在直播市场玩得风生水起，映客邀请到高圆圆、刘涛、汪涵以及天天兄弟团等明星加盟直播，也带来了客观的用户流量。在一直播 2017 年发布的首份内容榜单中，通过对平台内容进行多维度梳理，在其运动、星座、娱乐、教育等 40 余个垂直内容类别中发现，运动、娱乐等领域用户黏性更强。

直播平台内容方向上的布局，看似与商业化并无直接关系，然而这却是平台长久存在之根本。只有靠优质的内容留住并扩大用户群，而后的商业逻辑才有立足之地。就一直播而言，拥有董路、陆琪等优秀内容供给方，1 月内容榜单中前十名的场均观看量更是达 100 万以上。故此，一下科技创始人兼 CEO 韩坤曾表示：一直播在上线当月收入就已过亿，目前一下科技的营收一半来自直播的收入。

（3）战略模式。

一下科技在北京、上海、广州和深圳四地举办商业推介会，将商业化提升至公司的战略层面，可谓是商业化最积极的一家移动视频公司。一下科技高级副总裁刘新征在会上表示——将三款产品融合起来，为品牌提供定制营销方案，成为移动视频行业的营销商。将公司秒拍、小咖秀、一直播三个产品进行交错式、捆绑式销售，整合全平台资源，三把利剑全部指向商业变现无疑是个聪明的打法。最近的例子是，2017 过年期间“秒拍星拜年”活动与大宝品牌的合作中，邀请郎平、林更新等明星使用大宝品牌定制模板录制“星拜年”视频，并引发网友自发模仿和转发，达到很好的品牌互动曝光效果。最终，大宝活动总曝光 5.3 亿次，总播放量超过 4000 万，视频参与数超过 5000 支。紧接着，在 2 月中旬，秒拍启动了短视频 6S 贴片广告，成为移动视频领域启动前贴片广告的第一家平台，首次试投放的活动广告，投放了签约秒拍的 50 个头部达人账号，仅 2 天时间，视频播放量达 1.3 亿次，成绩斐然。作为直播平台，一直播与秒拍、小咖秀既相互独立又互相联结地配合每一场广告营销，依据品牌调性与目标效果等需求交叉选择，并最终定制完整的营销方案，是一直播进行的商业变现差异化打法，也是目前直播行业中较成系统的商业模式。

本章总结：近年来网络直播发展迅速，用户规模快速增长。据不完全统计，当前境内各类网络直播平台已达150余家，用户规模超过2亿，一些大型网络直播平台注册用户过亿、月活跃用户超千万，高峰时段部分"房间"用户数可达数万人。网络直播快速发展的同时，也带来了突出的安全问题。一些网络直播平台传播色情低俗信息，屡屡挑战社会道德底线，个别网络直播平台存在色情表演、赌博等违法犯罪活动，严重破坏网络环境，危害社会公共秩序。

在直播行业市场结构不健全的情况下，全国公安机关网安部门将全面检查网络直播平台安全管理制度措施落实情况，指导网络直播平台全面清理各类违法有害信息，依法关停传播违法信息的账号、频道，查处存在违法违规行为的网络直播平台。相关报告：智研咨询发布的《2016—2022年中国体育俱乐部市场深度评估及未来发展趋势报告》，公安机关将监督指导网络直播平台加强安全管理，履行法定责任义务，严格落实违法信息防范处置以及网上案件线索发现报告等措施，推进网络主播和管理员实名制、普通用户手机注册登记等安全管理制度，促进网络直播平台的健康发展。

从对网络直播发展史浅析可看出，2016年，网络直播大潮正以迅雷不及掩耳之势迅速崛起，成为2016年最火的互联网"风口"之一。一时间，各类视频直播APP层出不穷，不仅吸引了众多投资者的关注，也聚集了众多直播用户。日前，百度知道根据平台网络直播相关问答统计数据，推出网络直播大数据报告，全面解读网络直播发展史和用户最关注的网络直播话题。

起底网络直播4大阶段移动直播元年已经到来，百度知道网络直播大数据显示，“直播”从起步到爆发不过短短10年时间，却经历了起步期、发展期、爆发期等多个阶段。从2005—2013年，网络直播市场随着互联网模式演化起步，以YY、六间房、“9158”为代表的PC秀场直播模式为众人熟知。到了2014、2015年，网络直播市场进入新一轮的发展期，尤其是电竞游戏直播的出现，在大量游戏玩家的推动之下，网络直播“一夜爆红”。2016年，网络直播市场迎来了真正的爆发期，用户在脱离电脑后通过移动手机客户端实现移动秀场直播。手机视频直播成为视频秀场的新兴市场，备受各大直播平台的青睐。可以说2016年是移动直播的“元年”，网络直播市场真正进入全民时代。随着VR技术的发展和日渐普及，接下来，视频秀场可能将迎来VR直播时代，用户能够沉浸直播现场中，通过VR技术，可以瞬间“穿越”到屏幕对面，与主播零距离互动。